다가가다
강정이

2014년 5월 8일 초판 1쇄 발행

지은이 강정이
펴낸이 조기수
펴낸곳 출판회사 헥사곤 Hexagon Publishing Co.
등 록 제 396-251002010000007호
주 소 경기도 고양시 일산동구 숲속마을1로 55, 210-1001호
전 화 070-7628-0888 / 010-3245-0008
이메일 3400k@hanmail.net

ISBN 978-89-98145-25-5 03810

* 본 도서는 2014년 부산문화재단 지역예술창작지원사업의 일부지원으로 시행됩니다.

다가가다

강정이 수필집

혜사곤

글머리에

삼백년 묵은 소나무를 응시한다.
언덕바지에 선 이 소나무는 동네 사람들을 지키려는 듯
가지를 넓게 펼쳐 낡은 마을을 품고 있다.
수피樹皮를 만져 본다.
애국가 가사처럼 영락없는 철갑이다.
식물이라면 삶을 오롯이 견딘다고 여겼는데
저 철갑이 된 껍질과 용틀임 하듯 뻗은 가지는
견딤이 아닌 버팀의 몸짓이 아닌가.
폭풍과 된서리에 버텨낸 힘이었구나.
버틴다는 건 현실과 대응한다는 것.
그렇게 지켜내야 할 내 소중한 몸이라는 것.

삶의 갈퀴가 얼마나 날카로웠으면
소나무는 제 몸을 철갑으로 두르고

가지 끝에 틔운 잎은 침으로 뭉쳤을까.

내 몸을 감싼 것은 무엇인가.
나는 세월과 맞닥뜨리며 저렇게 버텨 보았는가.
몸을 웅크리며 견뎌내기만 한 것은 아닌지.

이 책을 저 솔가지에 걸고싶다.

2014년 4월, 청사포에서

강 정 이

차례

그림:김호준

파도가 부르는 소리

부산행 고속버스를 탔다.

옆 좌석에 앉은 노숙자인 듯한 사내가 말을 걸어 온다.

버스표를 만지작대며 생글거린다.

잃었다가 겨우 찾았다며, 이 표가 없으면 부산에 갈 수 없다며 계속 천진한 얼굴로 말을 건넨다. 버스표도 주인을 닮아 남루해져 있다.

멀뚱히 보고 있는 나를 향해 또 입을 연다. 바닷바람 쐬러 간단다.

나는 속으로 '싱거운 사람 다 보겠네, 하긴 그래도 낭만이 있어 좋긴 하네.'라고 우물거리며 졸다 보니 부산 해운대역에 닿았다.

시간은 밤 12시 20분 전이었다.

내 좌석은 운전기사 바로 뒷자리인지라 제일 먼저 내렸다. 뒤따라 내린 사내는 남편과 나를 역시 그 천진스런 얼굴로 힐금힐금 보며 방긋거렸다.

우리도 가볍게 목례를 하고 택시를 잡아 집으로 왔다.

집에 와서 옷을 갈아 입으면서 '아차, 좀더 살갑게 대해줄 걸.' 하는 생각이 들며 자꾸만 그 사내가 마음에 걸렸다.

해운대 지하철역으로 내려가던데… 이 시간에 바다를 보기엔 너무 늦고 어두운데… 달도 보이지 않던데….

아무래도 마음이 무거워 나는 남편에게 조심스레 말을 꺼냈다.

"아까 그 남자, 자꾸만 마음에 걸리네… 우리 허탕칠 각오하고 그냥 아까 그 해운대역으로 가 보면 어떨까요, 설사 만나지 못하더라도 일단 가 보고 와야 마음이 덜 무거울 것 같은데…." 내 자세가 워낙 굳어져 있어 그런지 남편은 두말 없이 차를 몰고 해운대역으로 가 주었다.

차에서 내려 해운대 기차역부터 가 보니 문은 이미 잠

겨 있었다. 하긴 그때 이미 시간은 새벽 한 시에 가까웠던 것이다.

"기차역은 잠겨 있으니 혹시 지하철역은 어떨까. 모텔에서 묵을 차림도 아니던데." 했더니 그럼 지하철역으로 내려가 보자고 했다. 남편과 나는 서로 다른 방향으로 흩어져 내려갔다.

계단을 내려가 보니 지하철 개찰구 쪽은 이미 셔터가 내려져 있었다.

머리를 돌려 보니 역내의 긴 의자가 눈에 띄었다.

아, 사내는 그 의자에 앉아 있었다.

옆 의자엔 한 남자가 웅크려 자고 있었고 그 곁에는 청년이 앉은 자세로 밤을 지새려는 듯했다.

그 사내를 보니 반갑기는 했지만 딱히 뭐라고 말을 건네기가 쉽지 않았다.

내가 몇 걸음 다가서니 사내는 나를 힐금 보며 또 그 해맑은 웃음을 짓는다. 상해서 성글어진 이빨을 드러내고 웃는다.

뒤따라온 남편이 "지금 어두워서 바다를 보긴 무리지요." 했더니 소이부답笑而不答인가 또 씨익 웃는다.

내가 "어디서 오셨어요?" 물었더니 청평에서 왔다고 한다. 그러면서 자신은 가족이 아무도 없다며 가끔씩 막노동을 하노라고 묻지도 않았는데 이야기를 풀어낸다.

"청평, 청평은 아름다운 곳이잖아요, 호수도 맑고 경치도 예쁜 곳인데…." 맞장구쳤더니 "청평엔 파도가 없잖아요, 파도 소리가 없어요." 파도소리가 듣고 싶어 서울서 여기까지 왔다는 얘기다.

파도! 갑자기 파도 소리가 철썩 귓전을 덮친다.

아 파도, 파도 소리, 파도 소리가 듣고 싶어, 파도의 몸짓이 보고 싶어 부산까지 왔다고 한다. 노숙을 하면서 말이다. 지하철 의자에서 밤을 지새우고 먼동이 트면 바다 파도 소리 만나러 간단다.

그래, 그러고 보니 바다에는 파도가 있지.

천둥소리로 우는 노도가 있고 울분에 겨운 듯 게릴라처럼 덮치는 쓰나미가 있고 인간의 이기심에 일침을 외치는 해일이 있는가 하면 함께 웃고 울어 주는 너울이 있고 파랑이 있지.

내가 바다를 찾는 것은 바로 그 바다의 외침을, 몸짓을 만나기 위함이었지.

그러고 보니 저 사내야말로 무애無碍, 걸림이 없는 공空의 모습이 아닌가.

우리 내외는 만원 지폐 두 장을 사내 손에 쥐어 주고 지하도를 벗어났다.

내 몸 구석구석에서 파도가 철썩인다.

외롭거나 억울하고 답답해서 통곡하고 싶을 때면 무작정 바다를 찾는다.

그리움에 가슴이 시리거나 분노가 치솟아도 바다를 찾는다.

내 가슴 지퍼를 열면 출렁 바닷물이 쏟아진다.

내 가슴은 엄마의 무덤이며 엄마의 바다다.

스물 셋, 새파란 나이에 미망인이 된 엄마, 엄마는 딸 하나를 위해 자신의 모든 것을 송두리째 산화시켰다.

애동색시로서 홀로 딸아이 키우느라 매운 시간을 지나며 가슴은 잿더미가 되었다. 남성중심인 사회제도에서 버텨 내기엔 얼마나 냉혹하고 비정하던지, 사업을 하거나 식당을 운영할 때도 사회는, 심지어 깡패들까지 혼자 사는 여인네라고 얼마나 업신여기고 핍박을 가했는지 모른다.

이런 사자바람세상에 한이 맺힌 엄마는 딸에게만은 그런 비루함이 조금도 미치지 못하도록 온몸으로 딸을 에워싸고 보호했다.

유난히 자주 이부자리를 세탁하며 풀먹이고 다듬이질하여 고슬고슬하게 갈아주던 엄마, 엄마는 새물내 나는 이부자리에 딸을 눕히며 잠자는 8시간 동안, 그러니까 하루의 삼분의 일이라도 용상처럼 꾸민 이부자리에 누우면 그만큼은 임금인 거라고 위풍당당하게 일러 주었다. 그렇게 엄마는 이부자리 꾸미기에 정성을 기울였다.

겨우 60년 살다 가신 엄마, 나는 엄마에게 빚이 많다.

가끔 무슨 행사에서 상을 받게 되거나 남편이 승진을 하거나 아들들이 훌륭하게 자라 사회적 인정을 받는 엘리트가 되는 등 감격스런 일이 생기면 어김없이 바다를 찾는다.

철썩이는 파도를 향해 보고報告한다. '엄마, 미안해. 내가 너무 잘 살아서 미안해. 고생은 엄마 혼자 다 하고 호사는 내가 누리네, 미안해, 엄마.' 소리치며 울먹이면, 철썩철썩 파도가 나를 다독인다.

바닷물이 짠 것은 하 많은 사람들의 눈물이 모여 그리 된 게 아닐는지.

파도를 본다.

장 그르니에가 그랬던가. 파도는 뒤에 따라오는 파도 때문에 서로가 서로를 삼킨다고 말이다.

파도는 그까짓 분노와 아픔은 저 짜운 눈물맛에 비하면 아무것도 아니라며 뒤통수를 후려친다.

파도가 파도를 지우고 파도가 바다를 뒤집듯 내 마음을 뒤집어 준다.

그래, 그 사내가 듣고 싶어 하던 파도 소리가 나를 뒤집어 준다.

나는 아버지 얼굴을 모른다. 내가 태어난 지 백일 정도 지났을 때 전쟁터에서 돌아가셨다.

병치레가 잦아 보호 속에 자란 나는 친구와 어울릴 줄도 모르고 늘 혼자 지냈다. 좁은 세계에 갇혀 산 것이다.

그래서 아버지란 존재가 무엇인지 모른다.

초등학교 수업 첫날 '어머니 어머니 우리 어머니, 아버지 아버지 우리 아버지' 읽기를 배웠다. 나는 '어머니'는 알겠는데 '아버지'가 무엇인지 통 알 수 없었다. 집에 돌아온 나는 엄마에게 "엄마, 아버지가 뭐야, 다른 아이들은 아버지라는 게 다 있는가 보던데 나는 왜 없지? 나한테도 아버지 내 놔!" 라며 떼를 썼다.

먼 훗날 엄마는 말했다. 그때 돌아서서 참 많이 울었다고.

성인이 되어 결혼하고 아이 엄마가 되면서 아버지에 대한 그리움이 커졌다.

남편이 아이들에게 아버지 노릇하는 것을 보며 '아, 아버지는 참 든든한 지붕이며 울타리구나. 그래서 바람도 막고 비도 막아 주는구나.' 하고 깨달았다. 그때사 차츰 아버지의 사랑이 얼마나 든든한 것인지에 눈이 뜨이며 그리움이 솟곤 하였다.

그래, 바다는 나의 그리움이며 달빛이다.

아득한 옛날 우리의 선조가 그랬고 우리의 아버지 어머니가 저 달을 보고 소원을 빌며 그리움을 고백하였듯이 그 달이 여전히 둥글고 환하니 아버지 어머니를 보듯 저 달을 보고 또한 달빛에 몸 뒤척이는 바다를 향해 그리움을 쏟는 것이다.

나의 어머니 아버지가 철썩이는 바닷물에 무릎 적시며 놀았을 바다, 꽃잎 띄우며 꿈을 키웠을 바다, 그리하여 내게 있어 바다는 그리움이며 달빛이다.

그래서일까, 내가 사는 아파트 거실을 통해 저만치 있는 바다를 보던 중, 홀연 보름달이 바닷물에 빠져 반짝대는 윤슬을 보게 되면 홀린 듯 뛰쳐나와 차를 몰고 바다 앞에 와서 선다.

바다는 엄마의 자궁이고 나의 고향이다.

세상에 대고 악다구니 하고 싶을 때나 폴짝 뛰며 자랑하고 싶은 일이 생겨도 무작정 달려간다. 달려가 보면 바다는 늘 그 자리에 있다.

삼킬 듯 달려오는 파도는 억누른 아픔을 물거품으로 흩어버린다.

쓸쓸한 미소로 자랑을 늘어 놓으면 오냐 오냐 기특하고 장하구나.

철썩이며 내 어깨를 다독여 주는 파도, 파도 소리는 우주의 음성이며 신의 일갈이며 말씀이다.

저 사내는 그 일갈의 말씀이 그리워서 더러는 구걸해서

모았을 돈으로 차표 한 장 사서 부산으로 온 것이다.

무애無碍, 그 비움의 일갈이 얼마나 간절했으면 먼 길을 달려왔을까.

파도가 참자유인인 저 사내를 소리치며 부르고 있다.

통각의 소리

마산서 서울까지 가는데 고속버스로 너덧 시간이 걸린다.

나는 거의 매주 서울을 오르내리니 일주일 중 열 시간 정도 고속버스에 실려 한 자세로 앉아 있게 된다. 그러다 보니 무릎 부분 관절에 무리가 왔는지 오그리고 펴는데 약간의 통증이 온다.

그래서 주변 사람들의 권유도 있거니와 티브이 등 매스컴에서도 관절에는 걷기가 제일이라고 하니 나도 걷기 운동을 시작했다.

마침 가까운 거리에 무학산이 있어 아침이 되면 산에

오르면서 하루를 연다. 햇살이 쨍한 날은 모자를 쓰고 비 오는 날이면 우산을 쓰고 걷는다.

그렇게 수십 일이 지나게 되니 이젠 제법 산길을 익혀 고향집 돌담길 떠올리게 하는 길을 발견하여 고즈넉한 분위기를 누리기도 한다.

오십센티 남짓한 폭의 오솔길을 지나노라면 강아지풀 며느리밑씻개풀 별꽃풀이 발목을 집적대는가 하면 아카시아 갈참나무 비목나무가 얼굴이고 목덜미고 연신 간질이며 말을 걸어 온다.

나도 풀이 되고 나무가 되어 장난질한다.

그 좁은 길을 벗어나면 귀가 즐거워진다. 졸졸 콸콸 기분 따라 리듬을 달리하며 흐르는 계곡의 물소리 덕분이다. 그냥 지나치기 서운하여 작은 돌멩이도 건드려 보고 시린 물 속에 손목을 넣어 이리저리 노 저어 계곡과 손인사도 나누며 바위를 건넌다.

건너고 보면 호젓하면서도 편안한 오솔길이 기다린다.

곧게 뻗은 벽오동과 상수리나무 산초나무 산오리나무가 양켠에 사열하듯 서서 길 내어주고 있는 것이다.

그 곳을 지날 때는 콧노래도 불러 보고 기지개도 켠다.

그렇게 오붓한 산길을 즐기며 걷기를 하는데 어느 날 삐거덕 삐거덕 마치 낡은 사립문이 여닫히는 듯한 소리가 들려왔다.

주변을 둘러보았더니 나무에서 나는 것이었다.

삐이-ㄱ 삐익 하는 소리 곁으로 다가가 보니 키가 30미터 정도는 족히 될 듯한 아카시아나무였다. 몇십 년은 묵은 듯 둥치도 제법 굵었다.

뿌리가 각각인 세 그루의 나무가 마치 긴 머리채를 땋은 듯 중간 부분이 엉겨 있었다.

그 후로 산에 오르면 삐거덕대는 세 그루의 나무 아래 오래 서 있게 되었다. 삐걱거리는 소리는 꼬여서 엉긴 부분에서 나는 것이었다.

나무라고 엉겨 사는 일이 어찌 수월했겠는가.

키가 비슷한 걸 보니 거의 같은 시기에 뿌리가 내린 듯하다. 몇십 년을 엉겨서 살았나 보다.

바람이 잠잠한데도 나무에선 간헐적으로 삐거덕 삐거덕 소리가 난다.

어찌 보면 나무들의 한숨소리 같기도 하고 꺾인 무릎뼈

를 곧추세우느라 기지개를 켜는 소리 같기도 하다.

그래, 엉겨 산다는 건 관절 꺾이는 일이지. 생판 남남인 사람이 만나 아이 낳고 가정이라는 울을 지키고 살려면 제 무릎 관절 꺾지 않고 엉길 수 있겠는가. 무릎 꺾이는 일 어디 한두 번이겠는가.

그렇게 세월 따라 흐르다 문득 뒤돌아보면 괜스레 눈시울 붉어지기도 한다. 그때 붉어지는 눈시울은 가을 단풍처럼 고운 빛깔이리라.

시월 단풍 화사한 붉음은 가뭄이나 홍수, 태풍이 지나치던 통각의 빛깔이리라. 관절 꺾이는 아픔을 이겨 낸 인내의 빛깔이리라.

저 나무도, 흐드러지게 꽃피우던 시간들 지나 문득 자신을 되돌아보니 아릿하니 무릎뼈가 시린가 보다.

삐거덕 하는 소리에 나무의 세월, 그 통각痛覺의 순간과 견디어 낸 아픔이 보이는 듯하여 마음이 숙연해진다.

때론 꼬여 엉긴 자신을 풀어 벗어나고 싶었으리라.

엉겨 살아야 하는 가족이란 틀에서 뛰쳐나가고 싶기도 했으리라.

무릎을 만져 본다.

무릎이 삐거덕거려 오르기 시작한 산행, 나는 무학산 중턱에서 만난 삐걱 울리는 나무의 관절에 내 무릎을 얹어 본다.

서울서 공부하는 아이들 뒷바라지를 하기 위해, 마산서 직장생활 하는 남편을 위해, 엄마와 아내의 역할에 충실하고자, 그렇게 엉겨 살고자 오르락내리락하는 동안 꺾여야 했던 무릎을 만져 본다.

때론 서로 엇갈리는 가치관에 갈등도 많았지만 엉김을 위해 견뎌 낸 무릎관절이다.

삐거덕 삐거덕 통각의 소리를 듣는다.
눈시울 붉어진다. 내 눈자위도 통각의 빛깔, 단풍빛일까.

어디선가 풍경風磬소리가 들린다.
아, 그러고 보니 저 통각의 소리는 얼기설기, 아웅다웅, 티격태격, 버둥대며 지킨 삶의 결이 그래도 제일 아름다운 풍경이더라 하는 바람의 말씀이었다.

나무꼬챙이

오뎅그릇 밖으로 솟구친 꼬챙이.

저 나무꼬챙이가 무언가를 쿡쿡 찔러 대는 것 같아 자꾸만 마음이 쓰인다.

꼬챙이가 찌르는 것은 무엇일까.

세상 무엇을 찌르고 싶은 걸까.

높은 빌딩일까, 아니면 그 속에 갇혀 사각형이 되어버린 사람들, 그들의 기계화된 가슴을 겨냥한 것일까.

현대를 사는 사람들, 그들이 둘러친 벽이 너무 높고 두꺼워 가까이 갈 수 없으니 안타깝다고 손을 내밀어 흔들어 대고 있는 것일까.

저것이 내 가슴벽을 쑤시는지 따끔거린다.

고속버스가 승객의 용무와 휴식을 위해 휴게소에 정차하자 승객인 사내는 머뭇거리듯 내리더니 오뎅을 사서

들고 올랐다.

사내는 아마 운전기사분께 드리려고 오뎅을 산 것 같다. 그냥 "기사양반, 아침부터 귀찮게 해 드려 미안했소, 이 따끈한 국물이라도 드시고 마음 푸시오." 하고 직접 건네 주면 좋으련만 사내는 마치 산타할아버지가 깊은 밤 살짝 선물을 두고 가듯, 김이 무럭무럭 오르는 오뎅그릇을 버스 입구 냉장고 위에 얹어 둔 채 태연히 자기 좌석으로 가 앉았다.

기름때로 얼룩진 작업복이며 까칠한 수염과 헝컬어진 머리로 보아 요 며칠 전국에서 모인 근로자들이 국회의사당인가 어디에서 집회를 가지고 시위하던 무리 중의 한 사람인 듯하다.

건장한 체구로 무뚝뚝한 표정의 그 사내는 이리저리 몸을 비틀더니 다시 몸을 새우처럼 동그랗게 말고 의자에 누웠다. 버스 중간쯤되는 그 좌석엔 마침 옆 자리가 비어 있어서 사내는 구부린 채 누울 수 있었던 것이다.

겨울 창 밖은 움츠러들고 있었지만 버스 안 오뎅그릇에선 여전히 따끈한 김이 피고 있었다.

나는 하얗게 피는 수증기를 바라보다 사내를 훔쳐보

았다.

그 사내에게서 우직한 고독이 풍겼다.

억지만 부리는 사람이 아니었구나, 인정이 많고 따뜻한 체온을 지닌 사람이었구나.

기사양반을 붙들고 꼬치꼬치 캐물으며 일행이 아직 당도하지 못 했으니 함께 데리고 가야 한다고 투정부린 것에 대해 미안한 마음을 갖고 있었던 게로구나.

저 사내는 '서울발 마산행' 고속버스가 서서히 문을 닫고 출발하려 할 때 급하게 차 안으로 들어왔다.

올라와서는 지정좌석으로 갈 생각도 않고 입구 계단에 선 채 운전기사분께 말을 걸었다.

-분명히 여기서 일행을 만나기로 했소.

꼭 올 사람이고 와야 할 사람이니 기다려 주시오.

그러나 기사분은 출발시간이 이미 3분이나 지났으니 안 된다고 설명했다.

-그러면 이 차는 어디쯤서 서느냐.

일행을 만나야 되는데 어떻게 연결을 좀 시켜 주시오.

배차 간격은 어찌 되느냐는 둥 곁에서 듣기에도 짜증

나고 터무니없는 횡설수설이었다.

그러나 그 기사분은 이미, 이 사내는 아직 술이 덜 깬 상태이고 노동조합 집회시위에 참여한 근로자쯤으로 감지한 듯 마음 상하지 않게 차분하고 인내하는 자세로 설명하여 좌석으로 안내했다.

사내는 중간쯤 가서 앉더니 쓰윽 주위를 훑어보았다.

그 눈빛은 어둠 속에서 세상을 훔쳐보는 고양이의 눈빛처럼 반짝였다.

냉장고 위에 놓인 오뎅그릇에선 여전히 김이 안개꽃으로 피어 오르고 있었다.

휴게소에서 내린 승객이 모두 탔는지 인원을 점검한 후 버스는 출발하는데 오뎅국물이 철렁거린다.

저 국물이 쏟아질 듯한데, 저러다 버스가 흔들릴 때 바닥으로 굴러 떨어지지나 않을까 불안하다.

보다 못해 내가 말하였다.

"저기 기사님, 저 오뎅, 기사님 드리려고 사 온 것 같은데 드시지요." 했는데 반응이 없다. 잠자코 있을까 하다가 아무래도 걱정이 되어 다시 입을 열었다.

“기사님, 이것 쏟아지면 어떡하죠, 안 드실 것 같으면 이 냉장고 안에 넣어 둘까요?” 했더니 오히려 내게 타박하듯 퉁방스런 어투로 내뱉는다.

“그냥 두시오. 안 쏟아지니.”

그릇 위로 피어 오르는 수증기의 따뜻함에게 괜스레 미안한 마음이 들었지만 도리 없이 그냥 있었다.

냉장고 바로 뒷 좌석에 앉아 있던 40대 중반쯤 되어 보이는 남자는 잠자코 지켜보더니 아무래도 저 오뎅국물이 자신에게 튈까 봐 불안했던가 보다.

‘차라리 가벼운 중이 떠나자’는 듯 벌떡 일어나 뒤쪽 빈 좌석으로 자리를 옮겼다.

나는 내내 조마조마한 노파심 때문에 그 오뎅그릇에서 눈길을 뗄 수 없었다.

그러나 기사분은 정말 용케도 운전을 했다.

내심 저 오뎅그릇을 염두에 둔 것인지 아니면 워낙 노련한 운전솜씨 덕분인지 목적지인 마산에 당도할 때까지 오뎅그릇은 제자리에서 미끄러지지도 않고 무사했다.

나는 그제사 깨달았다. 저 기사분이 운전한 것은 고속

버스 기계가 아닌 사람들의 마음을 운전했다는 것을.

저 기사분은 소리 없이 그 근로자를 후려친 것이었다.

사내의 횡설수설을 들으며 그의 마음을 운전하고 있었던 것이다.

기사분은 오뎅국물의 그 따뜻함을 끝내 외면해 버렸다.

저 기사분은 참으로 친절한 분이구나 감탄했던 내 마음을 외면해 버렸다.

외모는 거칠었지만 그래도 사내의 마음 깊은 곳은 우람한 체구만큼이나 따뜻한 정이 흐르고 있는 것을… .

끝내 무시해 버린 저 기사분, 출발할 때의 그 친절은 무엇이었던가.

풍기는 술냄새와 때 절은 차림새와 거친 손등에 적당히 비위 맞춘 것이었을까, 능숙한 기교로 말이다. '오, 능구렁이!'

버스에서 내린 나는 능구렁이를 떠올렸다.

이제 알 것 같다.

저 오뎅그릇에 걸쳐진 나무꼬챙이, 무언가를 찔러 대고 있는 그 꼬챙이가 어째서 그리 슬퍼 보였는지를.

가지치기

뚝, 뚝, 감나무 가지를 부러뜨린다.

열매 맺힌 가지만 남기고 나머지 곁가지는 여지없이 잘라 버린다.

한 알의 열매를 모양 이쁘고 빛깔 곱고 맛이 뛰어난 것으로 만들기 위해서는 곁가지들을 사정없이 잘라 버려야 한다는 것이야 익히 알고 있었지만 막상 내가 잎이 무성한 가지들을 뚝, 뚝, 분질러 대니 왠지 마음이 착찹해진다.

더러는 말라 비틀린 것도 있지만 대부분 건강한 군청빛으로 윤기가 반지르르 흐른다.

어떤 것은 단번에 꺾이지만 어떤 것은 질겨서 나뭇가지를 빙빙 돌려 대거나 반대 방향으로 되꺾어 잘라 낸다.

열매를 맺지 못해 잘려야 하다니…. 잘려 나가는 가지들은 무엇을 생각할까. 미움, 우정, 사랑 그리고 꿈을 생각하지 않을까.

사람 사는 일도 그러하지.

큰 뜻을 이루기 위해 잘라 내어야 할 정신의 곁가지들 수두룩하지.

그 가지가 어떤 유혹이거나 어떤 쾌락이거나 어떤 사랑이거나 어떤 꿈이거나, 어쨌든 그 모든 것들이 나에게 주어진 누릴 권리이지만 두 눈 딱 감고 베어 버려야 할 정신의 곁가지인 게지.

이른 봄이면 산수유 벚꽃 배꽃 복사꽃…. 여기저기서 들려오는 꽃소식에 무작정 차를 몰고 꽃바람 쐬고 싶은 설렘.

후두둑 비가 내리면 빗속을 달려 진동 너머 고성에 닿아 드넓은 바다의 싯푸른 물결을 오래오래 보고 싶은

충동.

내일 돌려주마 하고 돈 꾸어 간 친구가 몇 년 흐르도록 시침떼고 있으니 불끈 화가 치솟아 퍼붓고 싶은 욕설.

남편이랍시고 언성 높이며 나를 길들이려 하는 처사에 발끈해지는 분노.

때론 집안 청소고 빨래고 식구들 밥걱정도 팽개치고 하루종일 이불 속에서 뒹굴며 퍼드러지게 자 버리고 싶은 노곤함.

수없이 많은 유혹과 욕정들을 잘라 버려야 한다.

아이들의 꿈이 토실토실하게 열매 맺게 하기 위해서는 충실한 뒷바라지가 필요하기에 저 숱한 누릴 권리들을 포기하거나 싹둑 베어 내어야 한다.

꼭 그렇게 곁가지들을 잘라 내어야만 하는 걸까.

열매가 좀 엉성하게 영글면 어때.

빛깔이 좀 투박하면 어때.

맛이 좀 떨어지면 어때.

어쩌면 이 감나무는 생긴 그대로 뻗고 싶은 대로 태평스런 공존을 원하고 있지 않을까.

아이들 제멋대로 뒹굴게 방치하면 어때서!

현관 밖은 현란하여 매혹적인데 기어이 누릴 권리, 즐길 권리를 버려야만 하는가.

때론 나도 수다쟁이가 되고 싶다.

누구는 나이트클럽에도 간다는데 나도 그런 화려한 조명 아래서 꽉 끼인 옷을 입고 몸 뒤틀며 춤추어 보고 싶다.

누구는 옛 애인 만나 밀회를 즐기더니 결국 이혼하고 떠났다 하는데 때론 나도 그런 뜨거운 사랑을 나누고 싶다.

남자들은 누구나 아무 때고 반겨주는 '주막집 여인' 한 사람 정도 있으면 좋겠다고 하던데 여자들도 그러하다.

외롭고 쓸쓸하면 달려가 기댈 수 있는 품 넓은 오라비 같은 남자를 꿈꾸며 산다.

그러나 그 모든 것들은 버리고 또 버려야 할 정신적 곁가지일 뿐.

나 자신보다는 가족을 먼저 생각해야만 하는 것이 주부의 숙명이다.

자식들의 꿈을 활짝 펼칠 수 있게 하려면 달콤한 유혹

들을 이 감나무 곁가지 분질러 대듯 잘라 버려야 한다.

모양 좋고 빛깔 곱고 훌륭한 맛을 갖춘 열매를 수확하기 위해서 말이다.

훌륭한 뼈대는 이렇게 이루어지는 것이다. 뼈대 있는 가문이 되는 것이다.

그래서 훌륭한 가문은 피와 땀과 눈물 위에 세워지는 것이다.

그러나 어쩌랴, 잘라 낸다는 건 아픈 일인 것을.

뚝.뚝. 분질러 댈 때마다 가슴이 시리고 저린 것을.

잘린 가지들이 발밑에 수북하다. 저 속엔 국가 중대사를 논하는 자리, 고위공직자의 등 뒤에서 자세를 낮추어 우리의 뜻을 전달하는 동시통역사가 되고 싶었던 꿈이 뒹굴고 있고, 사막의 일몰, 그 장관을 담는 사진가가 되고 싶었던 꿈도 뒹굴고 있다. 말 없는 이 감나무인들 잘려 나가는 가지들을 보며 어찌 아프지 않겠는가.

함께 버티어 내던 폭풍과 눈보라, 그리고 별 헤아리던 추억들이 생각나지 않겠는가.

고통과 인내와 절제를 먹고 자란 열매는 탐스럽고 아름답다. 그래서 열매를 보석이라 한다.

푸른 하늘을 배경으로 주렁주렁 보석처럼 빛날 붉은 감을 그려보며 뚝, 뚝, 감나무 가지를 부러뜨린다.

거미줄에 갇혀

아침에 눈을 뜨니 간밤 내린 비로 나뭇잎이 반짝인다.

같은 방을 쓰는 아네스가 잠 깨지 않도록 조용히 일어나 밖으로 나왔다.

역시, 진동 수도원의 공기는 한 바가지 옹달샘 맛이다.

나는 두 팔을 쭉 뻗어 기지개를 켜고 공기를 듬뿍 들이켰다.

미명에 젖은 동백나무 남천나무 석류 천리향 백합 수선화 맨드라미 수국 도라지 채송화…. 수두룩한 꽃나무들도 고개를 뽑아 기지개를 켜는지 수도원 마당이 한결 무성해진 느낌이다.

내려다보이는 바다는 올망졸망한 섬들을 모자처럼 띄워 무릉도원을 그린 듯하다.

빼어난 경관을 감상하며 자신을 되돌아보고 생각들을 정리하는데 도움을 주고자 공사한 전망대가 얼마 전에 완공되어 수도원은 더욱 고즈넉하다.

전망대 양켠으로 나무계단을 내어 아래쪽 언덕바지에 쉼터를 조성하였으니 명상을 즐기기엔 더없이 좋은 분위기다.

나는 비 갠 뒤의 풀잎에 볼을 비빌까 하여 산책을 나섰다.

전망대 왼쪽으로 난 계단을 하나둘 밟아 내렸다. 그런데 이게 뭔가.

양켠으로 선 나뭇가지를 연결하여 거미줄이 쳐져 있지 않은가.

살랑살랑 흔들리는 거미집, 거미는 제 삶의 터전을 잡고자 곡예하듯 바람을 타고 실을 뽑아 얽었으리라. 바닥으로 수없이 떨어지면서 말이다. 그 수고를 생각하니 이 집이 거미의 성전인 것 같아 계단을 되돌아나왔다.

그냥 방으로 돌아갈까…. 그래도 기왕 내친 마음이니

오솔길이나 걷자 싶어 돌십자가가 세워진 위쪽으로 발걸음을 옮겼다.

몇 개의 계단을 오르는데 웬걸, 또 거미집이 양쪽 나뭇가지를 이어 대롱대고 있다.

또 돌아서야 하나, 모처럼 작정한 산책인데…. 되돌아가? 그래도 이번엔 그냥 저 꼭대기까지 가도록 하자 싶어 거미집 아래로 몸을 굽혔다. 구부려 통과하려 하는데 어쩔거나, 목덜미에 거미줄이 감겨 든다.

할 수 없이 뒤돌아 나왔다.

어디로 가야 하나, 저 거미의 노고와 권리를 헤아리다 보니 내가 디딜 땅이 좁아진다. 아니, 이 아름다운 풍경과 고요 앞에서 내 몸이 줄어들더니 미물이 되어 버린다.

그러고 보니 저 거미는 무례하게 드나든 내 행로를 나무라고 있지 않은가.

길이면 무조건 밟고 지난 내 행적, 내 발자국에 개미가 밟히고 풀꽃이 밟히고 무당벌레가 밟히는데도 태연히 지나지 않았던가.

함부로 행동하고 쉽게 약속을 저버리고 지나친 길들.

거미줄은 베로니카에게 톡 쏘아붙인 말, 선희와 꼭꼭

다짐했던 약속을 손바닥 뒤집듯 어겨 버린 나의 비열함을 시퍼렇게 새겨 공중에 걸어 둔 것이다.

내가 갇혔다.

'신약성서 통독'이란 프로그램에 참여하기 위해 묵은 수도원.

그래, 이 기회에 하느님의 말씀도 듣고 내 삶도 반추해 보리라고 용기를 내어 신청했다.

2박 3일 과정의 첫 밤을 넘기긴 했는데 여간 어려운 게 아니다.

7, 8명이 한 조가 되어 성서를 돌아가며 소리내어 통독하는 프로그램이었다.

나는 떨어지는 시력으로 눈 앞이 흐려져 글을 읽어 내기도 애를 먹겠는데 다른 이들은 어쩜 그리 술술… 속도는 어찌나 빠른지… 이건 고속도로 주행속도 아닌 비행기 속도로 읽어 대니 혀가 제대로 돌아가지 않는다.

옛날 전쟁중 피난길에 '뒤에서 적군은 쫓아오지요, 오줌은 마렵지요, 아이는 등 뒤에서 빽빽 울어샀지요.' 사면초가의 절박한 심정을 우스갯소리로 회고하던 유행처럼 나야말로 눈은 침침하지요, 읽기 속도는 비행기지요, 혀는 점점 굳어가지요, 내가 버벅대면 이렇게 촬촬 흐르는 열정과 신심에 찬물을 끼얹는 형국이 되겠구나 싶으니 가슴이 얼마나 조였던지… 그때 사방에 갇힌 느낌이었는데 오늘 아침엔 거미줄에 걸려 사면초가라니….

저 거미는 어찌하여 나를 묶는가.

어찌하여 허공이 중심인 거미집을 보게 하는가. 허공이라….

하긴 우리의 삶은 거미집 허공이라지.

그걸 간파한 옛 성인들이기에 '허무로다 허무로다 인생사 허무로다.' 하고 외치지 않았는가.

나는 저 거미줄에서 '내가 바라는 것은 희생 제물이 아니고 자비다'라는 마태오복음 말씀을 듣는다.

자비, 자비가 무엇인가. 사랑하고 불쌍히 여기는 마음이 아닌가.

사랑이 무엇인가. 내어주고 다 내어주어 끝내 가벼워지는 것 아닌가.

재산, 건강, 명예가 영원하던가.

우리는 뜻밖의 재난으로 알거지가 된 이웃을 보지 않았는가.

불의의 사고로 불구가 된 이웃을 보지 않았는가.

고위공직자의 자살 소식을 듣지 않았는가.

허물어져서 빈 껍데기가 되기보다 미리미리 내어주는 사랑으로 가벼워지는 것이 훨씬 아름답고 빛나지 않은가.

저 거미집이 법전이고 성경이다.

거미집이 나를 가두었다.

내가 거미줄에 팔랑 걸려 있다.

바보가 되자

비가 나린다.

나는 비 오는 날이 좋다. 그 비가 는개이면 자분자분 녹아서 좋고 장대비로 나리면 건질건질한 몸뚱어리 두드려 주는 것 같아 좋고 소낙비로 쏟아지면 온통 잠겨서 좋다.

그래서 나는 비만 나리면 엉덩이가 들썩거린다.

오늘은 비가 추적추적 나린다.

이런 날은 차를 몰고 장복산을 향한다.

합포만 해안도로를 따라 달리다 진해방면으로 꺾어 5분 정도 더 지나면 왼쪽에 장복산이 있다. 벚꽃길로 유명한 이 산은 양켠으로 늘어선 벚나무가 터널을 이루어 아늑하다.

대부분 S형으로 구불구불한 길은 봄, 여름, 가을, 겨울에 관계없이 언제나 고향길처럼 편안하고 포근하다.

그렇게 느슨해진 마음으로 오르다 보면 몇 채의 포장마차를 만나게 된다.

오늘처럼 비가 나리는 날이면 나는 꼭 이 푸른 비닐의 포장마차에 들른다.

안으로 들어가면 한가운데에 난로가 있다. 겨울이면 장작을 피워 실내를 훈기 있게 해 주는데 지금은 초가을이라 그냥 차갑게 식어 있다.

난로 뚜껑 위 소쿠리엔 늘 삶은 계란이 수북히 담겨 있다.

이 포장마차에 들른 길손들은 '3개 천원'이라 적힌 메모지를 보고 자유롭게 집어 먹는다. 그리고 먹은 만큼의 돈을 스스로 얹어 둔다. 그야말로 셀프서비스인 셈이다.

바닥엔 자갈이 깔려 있고 비닐을 씌운 탁자와 플라스틱 간이의자가 들어차 있다.

나는 빨간 플라스틱 의자에 앉아 난로 위의 계란부터

까 먹는다. 그리고 파전을 시켜 먹고 수제비를 먹는다.

맑은 국물 속 수제비를 떠먹으며 비닐천장에 꽂히는 빗소리를 먹는다.

빗줄기를 후루룩 들이킨다. 마중물로 들이킨다.

그래, 마중물아, 건조해진 내 몸, 언제부터인가 삭막해진 내 몸 속 깊이깊이 내려가 물을 길어 올려다오.

콸콸 물이 솟아 폭설에 갇힌 한계령처럼 나를 가두어다오.

기와지붕도 아니고 슬래브지붕도 아닌 함석지붕 두드리는 소리가 풍금선율로 들린다.

오늘처럼 비가 나려 함석지붕에 꽂히는 또닥또닥, 토닥토닥에 갇혀 아랫목에 누우면 금세 잠이 든다.

빗소리를 베고 단잠에 취해 있는데 "정이야, 정이야. 아가-" 하고 엄마가 흔든다.

눈을 떠 보면 오징어, 새우, 조갯살, 홍합이 듬뿍 얹힌 파전이 쟁반 위에 있다.

몇 점 먹고 있으면 물방울 송글송글 맺힌 포도가 들어오고 모락모락 김을 피우는 고구마가 들어오기도 한다.

가난했지만 따뜻하고, 가난했지만 배불렀던 시절이었다.

다시 또닥거리는 소리를 따라, 시간을 따라 내려가니 에메랄드빛 고향바다가 펼쳐진다. 바위에 미끄러져 짧은 스커트에 새겨진 꽃무늬 해바라기가 뚝뚝 물 흘리는 것을 보고 앙앙 울며 걷던 다섯 살 소녀시절도 떠오른다.

그래그래 빗줄기야, 내 식도를 타고 내려 깊은 곳 샘물에 닿아 다오. 어린 시절의 천진난만이 솟구치게 해 다오.

긴 시간을 통과한다는 것은 물기 빠지는 일인 것일까.

불과 오륙 년 전만 해도 재래시장에 들르게 되면 일부러 땟물 흐르는 할머니의 좌판 앞에 앉아 시들시들한 나물거리를 떨이하던 너는 어디 갔니.

승용차를 몰고 가다 길가에 맥없이 주저앉은 할머니를 태워 집을 찾아 드리려 이 아파트 저 아파트를 헤집던 너는 어디 갔니.

길모퉁이에 쪼그리고 앉아 칭칭 붕대를 감은 무릎을 헤집고 있는 사내를 밥 한 그릇 따끈하게 먹이고 순경 아저씨 찾아 보살펴 달라고 부탁하던 너는 어디 갔니.

산비탈 사는 아이가 공책 살 돈이 없다는 소리 들리면 서슴없이 돈을 집어 주던 너는 어디 갔니.

지금의 나는 누구인가.

후원회원으로 가입해 달라는 쪽지가 날아오면 주머니 사정, 내일 지출할 목록부터 헤아리고 있는 나.

양로원 할머니들 목욕시켜 드리려 가자 하면 뻐근한 어깨 문지르며 엄살을 떠는 나.

한적한 시골길 달리는데 팔을 흔드는 남학생을 보면 어제의 신문기사에 실린 흉악범을 떠올리며 못 본 척 지나치는 나.

재래시장 들르면 손등이 자글자글한 할머니를 피해 깔끔하고 젊은 새댁의 싱싱한 푸성귀만 고르는 나. 그것도 모자라 한 주먹 더 얹어 달라고 떼쓰는 나.

지금의 나는 누구인가.

도대체 무엇이 나를 사막으로 만들었나.

세월을 견딘다고, 이웃에게 시달리고 생활에 쫓겨 살다 보니 그리 됐노라 핑계대어야 하는가.

이제 알겠다. 비만 오면 엉덩이가 왜 그리 들썩거리는지를.

또닥또닥 빗소리야

나를 다시 바보로 되돌려 다오.

어리석게 만들어 다오.

바보라는 이름에서 풀내가 나고 어리석음이란 말에서 꽃향기가 난다.

바보란 얼마나 반짝이는 명찰인가.

내 몸 속 뿌리를 흔들어 다시 어리석은 바보로 돌려 다오. 파릇파릇 치솟게 해 다오.

내가 나를 찾으러 이 곳으로 달려 왔다.

온몸 후줄근히 젖는다.

풀내가 난다.

바위 앞에서

바위! 그는 침묵으로 말한다. 묵묵부답이 그의 웅변이다.

너의 지나온 길과 지금 그 자리와 장차 네가 걸어야 할 길에 대해 무슨 할 말이 따로 있겠느냐는 듯 묵언으로 말한다.

바위는 알고 있으리라.

삶은 늘 새로운 것이라 여기지만 깊이 들여다보면 이미 옛 시대에도 그러했다는 것을.

네 고통이 제일 큰 듯하지만 다른 사람도 가슴 움켜쥐며 살아간다는 것을.

바위는 알고 있으리라.

한 세대가 가고 한 세대가 오지만 땅은 여전히 그대로임을.

아마 저 바위는 몇백 년 아니 수천 년을 저 자리에서 변함없는 자태로 지키고 있었을 게다. 바위가 저 자리를 지킬 수 있게 한 힘은 바로 침묵이 아닌가 싶다.

칼바람 태풍에도 한결같은 모습, 한결같은 빛깔로 제자리를 지키고 있는 바위를 사람들은 신의 모습이라 여긴 걸까.

신이기에, 신령한 힘을 지녔기에 저토록 늠름하고 의연하다고 여긴 걸까.

미처 여명이 당도하기 전, 어둑한 새벽 바위 앞에서 연신 구부리며 절하는 무당을 자주 보게 된다. 바위 틈에 여러 자루의 촛불을 켜 놓고 배 한 알, 사과 한 알, 감 한 알을 차려 놓고 있다.

작은 돌멩이를 모아 꽂아 둔 향은 제 몸 사위어 온 산에 스미고 있다.

무당할멈은 부지런히 손을 비벼 대고 그 곁에서 시주한

사람도 연신 땅에 엎드려 절을 하고 있다.

이처럼 듬직한 지킴이바위라면 저들 가정의 재산도 명예도 건강도 잘 지켜 주리라 믿어 저렇게 허리를 굽히며 빌어 대는 것이리라.

그러나 바위는 여전히 침묵으로 응답한다.

몇백 년 전에도, 몇천 년 전에도 오늘처럼 둥둥 북을 울리며 엎드려 비손하던 것을 지켜 보았노라고.

그리고 사람들의 삶은 그때나 지금이나 대동소이하더라고.

차림새나 형태가 약간 달라졌을 뿐 새로운 것도 아니며 삶은 늘 그렇게 흘러 강물이 되고 바다를 이루더라고.

그렇게 흐르며 이어진 수천 수만 년의 역사를 흔들림 없이 버티어 낸 바위처럼 자신도 굳세어지고 싶어서일까. 그리고 영원히 살고 싶어서일까.

바위 몸체엔 이우경 박희진 김형석…… 이름들이 많이 새겨져 있다.

무당의 기도가 끝나 바위가 잠시 숨을 고르려나 했더니 등산객들이 찾아온다. 바위 앞에 당도한 등산객은 기초 체조를 하더니 이내 바위에 기대어 툭 툭 등을 쳐 댄다.

어제의 체증과 막힌 생각들을 시원하게 뚫고 싶으리라.

저들은 당당한 사회인이 되려면 무엇보다 건강이 우선되어야 함을 잘 알기에 연신 바위에다 등을 쳐 댄다.

그렇게 오전 내내 등산객에게 시달리다 한숨 돌릴까 하는데 이번엔 데이트족이다.

청춘남녀가 듬직한 바위 아래서 사랑을 나누며 자신들의 미래를 바위에다 새기고 있는 것이다.

오랜 옛날 갑돌이 갑순이도 이 바위 아래 앉아 내일을 약속하며 손가락을 걸었던 장면을 떠올리는 듯 더욱 과묵해진 바위.

그래서 바위는 바위인가 보다.

바위는 파도에도 끄떡 않는다. 동 트기 전 바닷가를 거닐어 보면 바위 틈에 촛불을 심어 두고 마른 댓잎처럼 앙상해진 손을 비빗거리며 꾸벅꾸벅 절하는 무당을 쉽게 만나게 된다.

하긴 저 애절한 소망과 기구한 사연을 들어 주는 상대가 바위 같은 단단한 마음이 아니고서야 어찌 건재하겠는가.

설움에 북받친 눈물의 뜨거움에 벌써 녹아 내리지 않았

겠는가.

나뭇잎처럼, 스치는 바람에도 팔랑대는 몸이었다면 어찌 수천 년을 버티었겠는가. 꽃처럼 피고 지는 변화를 가졌다면 어찌 저 자리를 지키고 있었겠는가.

바위는 지난 태풍에 어처구니없이 쓰러지는 아카시아 나무를 지켜보았으리라. 개밥바라기 물봉선화 애기똥풀 피고 지는 모습도 지켜보았으리라.

어느 날 산사나이들이 퉁탕거리며 벤치를 만드는 것도 지켜보았으리라.

지나는 길손이 꺼억 꺼억 소주병 들이키며 목놓아 우는 것도 지켜보았으리라.

한 사내의 출생과 죽음도 지켜보았으리라.

그래서 더욱 단단해진 바위.

바위는 침묵만큼 훌륭한 진리는 없노라 외치는 듯하다.

소이부답, 묵묵부답으로 삶을 깨우쳐 주는 바위.

나도 그 바위에 등을 대고 어제의 갈등과 어리석음을 툭, 툭, 쳐서 흘려 보낸다. 계곡을 지나 강물을 따라 흘려흘려 보낸다.

나를 파헤친다

발코니 창 너머 한강을 바라본다.

몇 동棟의 아파트건물과 단독주택의 붉고 푸른 지붕 지나 한강이 길게 뻗어 있다. 저만치 거리가 있어서인지 한강은 그림처럼 정지되어 있다.

햇살에 잘게 부서져 반짝이는 윤슬도 없고 아파트 마당의 벚나무 가지가 실바람과 주고 받는 일렁임도 나폴거림도 없이 한강은 강줄기만 기찻길처럼 뻗어 있다.

저 강을 보며 나를 돌아본다.

나는 어떤 모임에서도 자신을 소개해 보라 하면 '나는

물처럼 삽니다'라며 내세웠는데 과연 그랬을까.

나의 신중하지 못한 성격, 아니 심각한 것을 회피하려는 안일함으로 그리 쉽게 뱉어 버린 건 아닐까. 과연 나는 물처럼 살았는가.

아, 그러고 보니 나는 얕은 계곡으로 살고 싶었다. 심해의 쪽빛이 아닌 에메랄드빛으로 깨어질 듯 맑게 살고 싶었다.

어쩌면 나는 계곡처럼 숨어 살지 않았는가. 떨어지는 꽃잎이나 하르르 받아 주고 낮은 그림자가 되어 긴 바람길에 지친 발목이나 풀어 주는 얕은 계곡으로 살지 않았는가.

그러나 물은 어찌 고여 있기만 하던가. 아래로 아래로 흘러야 하는 숙명인 것을. 세월이, 바람이 마냥 골짜기에 머물게만 하던가.

'무색, 무미, 무취', 난 이렇듯 물처럼 산다고 떠벌렸는데 과연 나의 행동과 생각에 색깔이 없고 냄새가 없고 맛은 조미調味되지 않았는가.

읽지도 않는 책을 보란 듯 옆구리에 끼고 다니며 굵어

진 허리에 들어가지도 않는 잠자리 날개옷 끌어안고 살면서 과연 무無라고 말할 수 있는가.

강물은 몸 낮추어 꽃길, 자갈길, 흙길을 무심히 스쳐 지났지만 나는 어떡했던가.

가녀리게 흔들리는 코스모스를 보면 홀린 듯 다가가 허리 숙여 함께 여린 몸짓을 하지 않았던가. 납작 엎드려 계곡을 지나칠 때 잘 생긴 돌멩이 보이면 그 자리에 주저앉아 그리운 님과 사랑을 속삭이듯 이리저리 돌려보며 쓰다듬지 않았던가.

다섯 살 소녀가 찰방찰방 물장구치면 살포시 다가서서 발등에 간지럼 태우며 놀지 않았던가.

강물은 가볍게 손 흔들며 무심한 듯 흐르기만 하던데 나는 과연 그러하였는가. 물처럼 앞만 보고 흘러간다고 외쳐 대던 내가 말이다.

내가 나에게 다시 묻는다.

무색無色? 너는 정말 투명한 색깔인가.

하기야 너는 외롭거나 아픈 사람을 보면 눈시울이 뜨거워지지. 부당한 것을 보면 얼굴 붉히며 흥분도 잘 하지.

흔히 말하는 정의로움, 그것은 투명한 색인가.

부도덕한 사람도 오만불손한 사람도 품어 주는 것이 물의 속성 아닌가.

무취無臭? 너는 정말 아무 냄새도 피우지 않았는가.

네 비위에 거슬린다고 삐죽거리고 수도자의 권위적 행동을 보며 부당하다고 분노하지 않았던가. 네가 내뿜었던 희노애락은 진정 무취였던가.

무미無味? 너는 정말 네 행동에 어떤 가미加味도 없었단 말인가.

간혹 가진 모임에서 마음에 없는 의례적인 말로 어색함을 때우진 않았는지. 뒷탈이 두려워 '고맙다 미안하다'를 남발하지는 않았는지. 속으로는 끙끙 앓으면서 의연한 척 미소를 짓지는 않았는지. 너는 정말 무미였다고 말할 수 있는가.

아무 색도, 아무 맛도, 아무 냄새도 없노라 당당히 말할 수 있느냐 말이다.

상선약수上善若水를 내세우던 네가 말이다.

물은 기억하고 있을까.

계곡을 타고 내려 강줄기 스치고 바다에 이르기까지 그 흐름의 시간들을 기억하고 있을까. 긴 세월 지나면서 아팠던 시간, 화났던 일들을 기억하고 있을까.

물처럼 산다면 그런 잡다함을 버리고 흘러야 하지 않을까. 물은 정말 무심無心인 걸까.

흘러가며 맞닥뜨린 안타까움과 아픔들이 구름으로 뭉쳐져 더 이상 제 무게를 견디기 어려울 때 비가 되어 내리지 않는가. 그 상처가 너무 깊어 때론 천둥 번개 더불어 소나기로 쏟아지지 않는가.

늘 자신을 낮추어 흐르다 바다가 되는 물, 물은 바다가 되고 심해가 되어 세상을 품고 싶은데, 출렁거리며 세상을 품고 싶은데 사람들은 물의 출렁거림을 옹벽으로 막아 버린다. 바다를 메워 빌딩을 세워 버린다. 출렁이고픈 물의 마음을 막으니 쓰나미로 터지는 물의 분노!

그리고 보라, 긴 겨울 고드름으로 자란 물을 말이다.

이슬이던 물방울이 고드름되어 뚝 분질러질 때 칼날같이 손등을 베지 않던가. 그러나 사람들이 아파하는 모습을 본 물의 가슴이 갈기갈기 찢어져 하얀 눈이 되지 않는가.

우린 모두 하나라는 듯, 두 팔 벌려 안아 주지 않는가. 하얀 솜이불이 되어 주지 않는가.

이슬이 되고 쓰나미가 되고 고드름이 되고 눈이 되는 물!

다시 나를 들여다본다.

나의 분노는 저 옹벽을 향하고 마구 내뿜는 매연을 향한 것이었으니 '물처럼 산다'는 나의 외침이 틀린 건 아니구나. 여전히 나는 무색 무미 무취로 사는지 모른다.

나는 나를 다독이며 한 컵의 물을 시원하게 들이킨다.

눈 앞이 흐리다

물체가 겹쳐 보여 안경점에 갔더니 20분간 책을 보면 10분은 멀리 보라 한다. 가까운 것을 20분 보면 먼 것을 10분 보라는 것이다.

그리고 되도록 멀리 보기를 자주 하란다.

그랬던가…, 그러고 보니 언제부턴가 멀리 보기를 잊은 듯하다.

내 꿈은 먼 곳에 있다고, 멀리 있기에 잡을 수 없노라고 아예 포기한 채 발 밑만 보기로 한 것일까. 무엇에 쫓기듯 늘 발끝만 보며 동동거렸다.

그래서인지 길을 가다가 나뭇가지에 앉은 새들이 포로

롱 날아오르는 모습을 보게 되면 나도 모르게 발길을 멈추고 한참이나 서성이게 된다.

마치 내 꿈이 저기서, 제 마음 가는 대로 한껏 누리고 있는 듯하여 넋을 잃고 바라본다.

참새는 땅을 콕콕 쪼다 사철나무 속으로 쪼로롱 숨고, 직박구리는 그 몸집과 남루한 날개옷에 어울리지 않게 샛노란 개나리 꽃잎을 입술에 문 채 벚나무 꽃가지로 오른다.

딱새는 복숭나무에서 살구꽃 가지로 재빠르게 몸을 날려 자유로운데 나는 발목이 조여 질질 끌며 살고 있다.

그런데 멀리 날 수 있어, 비상할 수 있어서 늘 부러웠던 저 텃새가 알고 보니 그게 아니었다.

어느 조류박사가 새의 발목에 리본을 묶어 관찰해 보니 참새는 행동반경이 500미터이고 딱새는 400미터, 직박구리는 1킬로미터라는 것이다.

이럴 수가, 발목 묶인 내가 수시로 드나드는 서울이 천릿길이나 되는데 마음 내키는 대로 자유를 누리는 저 새가 고작 500미터, 1킬로미터라니….

멀리와 가까이의 경계가 흐려진다, 내 눈이 흐려진다.

TV 속 '위대한 밥상'을 먼 것이라 여기며 나는 지금 라면을 먹고 있다.

'동물의 왕국'에서 누떼를 덮치는 사자는 머얼리 아프리카에나 있다고 여기며 산책길 발 밑에 떨어진 사마귀, 그 사마귀가 오히려 벌에게 먹히지 않으려 버둥대는 것을 보고 있다. 보는 것과 보여지는 것의 경계가 흐리다.

가깝다고 여긴 남편의 냉랭함이 아주 먼 낯선 사람으로 보인다. 그런가 하면 하늘 나라 엄마는 아주 멀다고만 생각했는데 몹시 지치고 시린 어느 날 귓가에 스치는 "아가야, 힘 내거라."는 소리, 엄마의 혼결이 늘 곁에서 뒹굴고 있지 않은가.

그러하니 멀고 가까움의 거리를 무엇으로 재겠는가.

시간인가, 거리인가, 정情인가, 마음인가.

늘 멀리 있다고만 여긴 꿈이 어쩌면 지금 여기 내 가장 가까운 곳에서 이루어지고 있는 것은 아닌지. 마음이 눈을 가려, 어리석음이 눈을 가려 참 모습을 보지 못하는 건 아닐까.

성서의 '돌아온 탕자'에서 재산을 탕진하며 멀리 돌다 자신의 정체성을 되찾은 작은아들이, 늘 아버지와 함께 하던 큰아들보다 어쩌면 더 가까운 가족이 아니었던지 생각해 볼 일이다.

가족이란 공간이라기보다 마음의 거리에 있지 않은가 말이다.

그토록 미워하던 전처 자식이 멀리 보면 내가 낳은 아들보다 더 가까이 있는 게 아닌지.

내 식구 안위에 급급하다 멀리 아이티 난민 돌아보기를 놓치고 있지 않은지.

내 손톱에 든 피멍 자국만 들여다보다 천안함 실종자와 그 가족의 아픔을 먼 곳이라 착각하고 외면하고 있지 않은지.

카메라 줌을 조절하듯 거리를 조절해 봐야 될 것 같다.

그 재앙이 언제 어떻게 내 가까이에 떨어질지 누가 알겠는가.

멀리와 가까이를 다시 가늠해야겠다.

멀고 가까움을 눈으로 재려 하니 마음이 무뎌진 게 아닌지.

눈을 감고 마음을 열어 보자.

우주가 다시 내 가슴에 들어오지 않을까.

그러면 내 주위가 선연히 드러나지 않겠는가. 밝아지지 않겠는가.

"영원히 살 것처럼 꿈을 꾸고 내일 죽을 것처럼 오늘을 살자." 멀리와 가까이를 헤아리게 하는 이 말이 가슴을 스친다.

사소함을 모신다

내 책상에는 새끼손가락만 한 낙엽이 한 장 얹혀 있다.

나는 마음이 우울하거나 호젓할 때면 이 낙엽을 손바닥에 놓고 고개를 주억거린다. 오늘도 나는 길을 걸으며 곤충이나 벌레를 밟아 뭉개지는 않았을까. 남에게 도움이 되지는 못할망정 적어도 피해는 끼치지 말아야 할 텐데… 생각하며 손바닥에 얹힌 낙엽을 바라본다.

이 낙엽이 내 방에 온 지 3년째다. 그러니까 3년 전 늦은 가을인가 보다. 어둑한 시간, 집으로 돌아와 신을 벗는데 현관 바닥에 나뭇잎 한 장이 툭, 떨어졌다. 순간 무언가에 찔린 듯한 아픔에 얼른 집어 든 작은 이파리, 신바닥에 깔린 채, 내가 발을 내디딜 때마다 얼마나 아팠을까 하고 헤아리니 미안한 마음에 가슴이 아릿했다. 하여 보상하듯 책상 위에 모셔두고 지엄한 스승을 대하듯 두 손을 모으는 것이다. 행여, 내가 사소함을 미처 읽어내지 못하여 누군가를 아프게 하진 않았는지, 낙엽을 향해 되묻곤 한다.

그러고 보니 내 모습이 참 사소하게 생겼다. 그래서 사람이 많이 모인 곳은 되도록 피하는데, 어쩌다 무슨 모임에 가게 되어도 구석에 숨듯이 앉아 있다가는 끝내 어울리지 못하고 슬그머니 빠져나온다. 그래서일까, 나를 닮은 사소한 것에 애정이 간다. 장미꽃보다는 보도블록 틈새에 핀 풀꽃이 더 소중하고 신문을 장식한 송혜교의 웃는 얼굴보다는 생선장수 아주머니의 사진, 주름진 미소에 정이 간다.

수도꼭지보다는 수채통에 신경이 더 쓰이니, 나는 수시로 싱크대나 베란다의 하수통을 분해하여 머리카락이나 찌꺼기를 없애고 반짝반짝 씻어 준다.

또한 행주보다는 걸레에 애착을 느낀다. 그러다 보니 당연히 우리집 걸레는 행주만큼 깨끗하다.

어쩌다 내가 낙엽을 밟은 것처럼 누군가에게 밟힌 날은 곱게 마른 낙엽을 오래오래 보기도 한다. 그리고 무릎을 꿇은 채 소중히 쓰다듬는 것이다. (부산일보 2011)

빠삐용 그 사내

그가 오르자 버스 안이 술렁거렸다. 버스를 타면서부터 누구를 향해서인지 알아듣기 어려운 말들을 쏟고 있기 때문이다. 하얗게 센 스포츠머리의 그는 자유를 찾겠노라며 바다로 뛰어내린 빠삐용을 닮았다. 그리고 꼭 그만큼 늙어 있다.

자리가 비자 승객들은 빼곡한 공간임에도 그가 앉도록 몸을 얇게 하여 비켜섰고 그는 계속 뭐라고 소리치면서 좌석에 앉았다. 낡은 군복차림에 검정조끼를 걸쳤다. 조끼에는 '특수 가위, 의사 가위, 칼 갑니다' 라고 붉은 비닐을 오려 붙인 글씨가 기워져 있다. 검정 털모자를 쓴 채 칼 가는 도구상자를 통로에 세우고 그 위로 다리를 쭈욱 뻗어 올려도 누구 하나 불편한 기색을 보이지 않는다. 다들 '칼 간다'는 붉은 글씨에 주눅이 든 걸까, 무심한 척 창 밖만 보고 있다. 그의 옷은 바지 점퍼 조끼까지 너덜너덜 기워져 있다. 나는 승객들의 쥐죽은듯한 고요와 따끔따끔한 그의 독백을 들으며 사내의 삶을 유추해 보았다.

그는 정말 빠삐용처럼 삶의 굴레로부터 자유롭고 싶은 걸까, 세상을 향해 칼을 갈고 싶은 걸까, 기다리는 가족은…. 술내가 풍기는데 저러다 낭패 보면 어쩌나, 상상하고 있는데 그가 내린다고 소리친다.

그런데 자리에서 일어서는 그의 행동이 몹시 굼떴다. 다리를 저는 것이었다. 버스도 승객도 숨죽이고 있었다.

도구상자를 걸머멘 절뚝이는 그의 뒷모습이 나를 후려친다.

-네가 내 삶의 무게를 아느냐, 치욕의 무게를 아느냐, 네 반지레한 옷으로 내 남루함을 엿보려 하느냐, 내게 있어 하루가 얼마나 긴 지 네가 알기나 하느냐, 네 마음이 내 옷만큼이나 너덜거리는 것이 보이지 않느냐!

그 뒷모습이 무뎌진 내 마음을 쓰윽쓱 갈고 있었다.

(부산일보 2011)

알사탕을 녹이며

버스를 탔다. 빈 좌석이 없다.

30분 정도 지나니 허리도 아프고 다리도 쑤신다. 40분은 더 가야 할 텐데…. 몸을 비틀 즈음 자리가 비었다. 얼른 앉았는데 앞문으로 오르는 승객 중에 팔순 가까운 할머니가 눈에 띈다. 자리를 내어 드렸다. 그 할머니는 고마워하며 앉으셨다. 그런데 할머니는 내 컨디션을 읽으신 듯 "미안해서 어쩌누" 하면서 손에 뭔가를 한 움큼 쥐어 주셨다. 작은 알사탕이었다. 아니 그까짓 자리 양보에 선물을 주시다니, 극구 사양했지만 막무가내셨다. 나는 그 사탕을 주변에 있는 승객들에게 두세 알씩 나눠 주고 나도 한 알 입에 넣었다. 버스 안은 갑자기 두레밥상에 앉은 듯, 모두 알사탕이 되어 동글동글 웃었다. 사탕이 입 안에서 살살 녹는다. 며칠 전 슬픔이 녹는다.

중앙동 뒷길 골목을 가로질러 갈 때였다. 리어카를 끌고 가던 사내가 갑자기 소리를 버럭 질렀다. "야이, xx 년아!" 깜짝 놀라 순간적으로 아니 반사적으로 "아, 죄송합니다. 몰랐습니다." 하며 리어카에 대고 허리를 굽실거렸다. 눈길이 마주친 그 사내를 보며 "그런데 어찌 그리 험한 말을…." 말끝을 흐리며 길을 재촉했지만 잠깐 스친 그의 얼굴이 맑고 착해 보인 탓에 마음이 더 아팠다. 내 걸음걸이가 리어카 진행속도에 전혀 문제되지 않았는데…. 내가 험하게 생겼더라도 그런 말을 뱉았을까. 우람한 청년이 그런 욕을 들었다면 가만 두었을까? 이런 저런 생각에 많이 슬펐는데 오늘은 아무것도 아닌 일에 한아름 사탕이라니!.

사람살이가 모호하다. 어느 땐 휘몰이바람, 어느 땐 봄바람.

어쩌겠는가. 오늘은 봄바람이니 알사탕 녹여 가며 휘파람이나 불자. (부산일보 2011)

맛있는 삶

은발의 신사라 불리는 그는 오늘도 며느리 자랑에 침이 튄다.

여보게, 내 말 좀 들어 보게나. 아 글쎄, 내가 엊그제 서울에 볼일이 있어 갔거던. 근데 말이야, 우리 며느리가 역으로 마중을 나오겠다지 뭐야, 그래서 우리 내외는 아이가 아직 어린데 힘들어서 안 된다며 극구 사양했지. 그러한데도 저는 뭐 튼튼해서 끄떡없다며 기어이 나오겠다지 뭔가. 그래 결국 기차역 앞에서 며늘아이 차를 탔는데 아이고, 두 돌짜리 손녀가 우리를 보더니 고래고래 소리치며 울기 시작하는 거야. 낯이 설었던 게지. 게다가 이번엔 운전석 옆 유아용 카시트에서 자고 있던 7개월된 손자 녀석이 눈은 감은 채 덩달아 으앙! 기를 쓰며 울기 시작하는데 말도 말게, 좁은 차 속에서 쌍나팔이라니…. 아 글쎄, 할아버지 할머니 환영 팡파르를 그리 요란하게 불어제치니 정신이 없더라니까. 아무리 달래도 소리는 포르티시모에서 포르티시시모로 치닫기만 하니…. 한 15분을 씨름하다 결국 내가 운전석에 앉고 며느리가 아이들 안고 달래니 그제사 수그러지더구먼. 어휴, 그런데 여보게 우리 며느리 하는 말 좀 들어 보게. "아버님, 어머님 죄송해요. 제 계획은요, 준성이는 안고 은혜는 손 잡고 출구에서 기다리고 있다가 '아버님 어머님!' 하며 손 흔들고 맞이하는 것이었는데 주차하기가 어려워서 그만 길에까지 나오시게 해서 정말 죄송해요." 하는 거 아니겠나. 그래, 좌석 앞뒤로 유아용 카시트를 묶어 아이 둘 싣고 기저귀, 우유 넣은 큰 가방 둘씩 챙겨 서울역까지 한 시간 넘게 걸리는 길을 달려오는 그 마음을 자네, 어찌 생각하는가. 으응! (부산일보 2011)

지극한 아름다움

TV를 켜면 드라마건 연예프로건 '됐거든' '아니거든' 하는 '~거든'이란 말이 예사롭게 나온다.

언제부턴가 유행처럼 '됐거든' '싫거든' '맞거든' 어른 아이 할 것 없이 '~거든'을 쓴다. '~거든'이란 말을 들으면 시커먼 '커튼'이 보인다. 아니 그 단호함에서 철커덕 셔터 내리는 소리가 난다. '~거든'이란, 내 의지는 확고하니 긴말 하지 말라는 것 아닌가. 나를 성가시게 하거나 방해한다면 외면하겠다는 배려 없는 마음, 셔터 내리는 '~거든'에 색깔이 있다면 검정색일 것이다.

그렇다. 배려한다는 건 내 자리를 내어주는 것, 그건 너에게 하얀 도화지를 건네는 일이다.

'대설주의보'가 내린 날 부산서는 보기 드물게 눈이 펑펑 내렸다. 유리창 너머 솔가지에 앉은 눈이 앙증스런 눈꽃이더니 금세 솜뭉치만 해지면서 구름처럼 덮였다. 방송에서 연방 길이 미끄러우니 외출을 삼가고 차량운행도 조심하라고 한다. 하지만 이 귀한 풍경을 창 밖으로 본다는 건 눈에 대한 예의가 아니라며 차를 몰았다. 마침 윗층에 사는 선배도 같은 마음이라 함께 나섰다. 길가에 세워 둔 차들은 하얗게 덮여 번호판도 보이지 않았다. 조심조심, 그러나 앞유리로 뛰어드는 폭설을 가슴으로 받으며 송정바다를 찾았다.

하얗게 덮인 모래사장은 내 마음 오롯이 비워 순백의 도화지로 내놓으니 사람아, 마음껏 꿈을 그리려무나 하는 하늘마음이다. 그 마음 얼마나 맑으면 저리 눈부신가. 아름다움의 극치는 왜 순백인지, 신부의 웨딩드레스는 왜 순백인지, 우리는 저 순백 앞에서 콧날이 시큰거린다. 함께 간 선배도 이미 눈자위가 붉어졌다. 다시 그려 보라는 하얀 도화지를 받고 보니 핑그르 눈물이 돈다.

(부산일보 2011)

아름다운 뒷모습

구조조정 대상자가 된 그는 오늘 회사를 사직하게 되었다.

부장인 그는 올해 쉰두 살, 한참 일할 나이다. 하지만 그는 나보다 더 젊은 나이에 직장을 잃게 된 사람도 많은데 이 나이까지 근무하게 해 준 것도 다행이 아니냐며 밝게 웃는다. "고맙습니다. 마침 아들도 대학 졸업반이라 크게 돈 들 일은 없어요. 이 회사 덕분에 따뜻한 밥을 먹을 수 있었고 아이들 공부도 무난히 마치게 되었습니다. 이만하면 됐지 무얼 더 욕심 내겠습니까. 정말 감사합니다. 진심으로 나는 회사에 대고 큰절을 올리고 싶습니다." 라며 거수경례를 하였다.

물론 회사원으로 지낸 그가 대단한 재산을 모은 것은 아니다. 그가 가진 것은 고작 34평 아파트 한 채다. 그렇다고 또렷한 노후대책을 해 둔 것도 아니다. 하지만 그는 승승장구한 친구들을 부러워하기보다 젊은 나이에 직장을 잃게 된 딱한 처지에 눈길이 머물다 보니 지금 이만큼의 누림도 그저 고마울 뿐이다. '이 정도에 만족합니다'라며 손 흔드는 모습에 햇살이 가득하다.

사람들은 구조조정이 있을 때마다 회사 분위기가 얼마나 살얼음판이었던지를 기억하고 있다.

어떤 이는 자기 부인이 암으로 누워 있으니 제발 선처해 달라 하고, 어떤 이는 윗사람 집으로 찾아 가서 '내가 갈 곳이 없으니 이 집에서 좀 살아야겠다.'라며 억지를 쓰기도 하고, 어떤 이는 "그래, 기어이 나가라면 별 수 있냐, 나가 주지, 대신 이 카드 빚이나 정리해 주소."라며 계산서를 던지는 것도 보아 왔다. 이러하니 구조조정이라는 찬바람이 불면 직원들의 마음도 침울해진다. 그런데 그가 환히 웃으며 회사를 향해 큰절을 올리고자 한다니 이를 지켜보는 사람들의 마음이 풍선을 단 듯 가벼워진다.

사람들은 〈아름다운 뒷모습〉의 그를 향해, 지금 그의 얼굴에 고인 햇살처럼 밝은 앞날이 활짝 열리기를 진심으로 기원하며 힘찬 박수를 보냈다. (부산일보 2011)

텃새가족

"아이고, 반갑습니다. 어서 오세요 텃새님들."

매달 보는 얼굴인데도 새록새록 반가운 모습이다. 이 부부 모임은 '텃새'라 하여 집집이 텃새 이름을 호칭으로 쓴다. 동박새, 종달새, 꿩, 딱따구리, 원앙새, 까치, 이런 명패를 내걸고 우리는 텃새마을이라 부른다.

"종달새댁은 그래 미국 잘 다녀오셨습니까?" "원앙새댁은 울산까지 출퇴근하느라 피곤하진 않으세요?" "동박새댁은 요즘 성당일로 바쁘시다면서요"

서로의 안부가 오가면 금세 "자- 남학생, 여학생, 이제 공부 시작할까요."

하며 시작하는 노래는 "언제나 열심히 참되게 살며/서로를 위하는 화목한 세상/그 속의 작은 마을 텃새마을/

노래가 좋아 서로 모인다네/사람이 좋아 즐거운 만남/텃새들 노래 맑게 울릴 때/우리의 가슴 환희에 차네/노래를 부르며 마음 전하자/사랑 넘치는 텃새가족." 우리가 만든 텃새가이다. 그리고 계절에 맞는 가곡과 가요를 부르는 솜털 같은 이 모임은 여자친구들이 중심이 되어 남편을 끌어들인 것이다.

일년에 한 번씩은 '텃새 송년의 밤'이라 하여 온 가족이 모여 장기자랑을 한다. 퀴즈를 내고 게임도 하고 남자가 아내의 속치마만 걸친 섹시한 모습으로 발레를 하는가 하면 아랍인으로 분장하여 판소리를 해 대는 등 기발한 모양새와 각본으로 폭소를 자아내게 하며 지낸 세월이 벌써 20년을 훌쩍 넘었다. 이제는 다들 희끗희끗해진 머리결, 그 모습도 훈장처럼 빛난다. 잘 여물은 열매를 보는 듯, 든든하고 아름답다. 서로를 소중히 가꾸는 텃새가족은 오늘도 이렇게 노래를 부른다.

"깊고 깊은 숲 속에 조그만 집을 찾아 그대여 오세요.
새소리에 잠 깨는 새벽엔 따뜻한 커피를 드리죠."

(부산일보 2011)

우윳빛 소리

언제부턴가 독창보다는 합창을 들을 때 마음이 더 넉넉해지면서 찡한 감동을 받는다.

사십 명에서 많게는 백 명이나 되는 단원이 한 목소리로 공연장을 가득 채우는 조화로움에 기립박수를 보낸다. 저 조화를 이루기 위해 자신을 얼마나 절제하며 갈고 닦았을까 생각하면 더 뜨겁게 박수를 치게 된다.

우아한 하모니를 이루기 위해, 내 소리는 되도록 낮추면서 귀는 더 활짝 열어 상대의 소리를 크게 듣고자 하는 자세가 필수일 것이다. 따라서 합창의 울림은 나보다는 남을 우선적으로 생각하는 배려의 아름다움이 아니겠는가.

오카리나 수업을 받을 때이다. 선생님이 오시기 전에 다들 곡을 연습한다. 정한 것 없이 제가 좋아하는 곡을 분다. 얼마쯤 지났을까, 갑자기 찌익! 이상한 소리가 났다. 알고 보니 그 엉뚱한 소리는 맥놀이현상이라 하였다. 개개인이 다른 곡을 소리 높여 불다 보니 음의 주파수와 진동수가 달라 빚어진 마찰음이었다.

서로 다른 소리들이 부딪혀 생긴, 제 목소리만 고집하다 파생된 소리, 내 생각만 옳다고 주장하는 소리가, 때론 달리던 자동차가 급브레이크 밟아 찌이익! 나듯 울릴 때면 귀를 막고 싶다. 사회 곳곳에서 불가지는 맥놀이현상들, 그 소리를 들으면 가슴이 멍멍해진다.

합창곡이 좋다. 상대와 어울리고자 하는 하모니의 마음결이 좋다. 서로가 서로에게 젖을 물리듯 너를 존재하게 하는 저 선율이 우윳빛 소리다.

나는 오늘 매화 산수유 흐드러지고 우윳빛으로 벙글은 목련꽃 꽃길에 앉아 교향곡9번 베토벤의 '합창교향곡'을 듣고 싶다. (부산일보 2011)

이방인

고향은 내가 이방인으로 살지 않아도 되는 곳이고 내 이름을 불러 주는 곳이며 나의 존재가치와 목적을 인정해 주는 곳이라 하는데 현대를 사는 우리는 그러한 고향을 갖고 있는가.

육필이 아닌 문자로 날리는 문자메시지, 공간에 갇혀 가상의 세계인 게임에 빠져 허우적대는 네티즌.

목욕탕 때밀이기계, 자동세차기계, 기계에 길들여진, 기계가 되어 버린 사람들.

직립으로 솟은 아파트 건물, 그 잿빛도 모자라 어느 아파트엔 입구를 아예 철문으로 막아 카드 없이는 통과할 수 없는 울타리.

오십 년 전, 살짝 손만 대어도 가만히 열리던 사립문은 전설이 되어 버린 시대.

오늘의 인드라망은 칩으로 변한 시대, 아날로그를 베어

먹는 디지털 시대.

입시지옥, 취업난 등 무한경쟁의 현대 구조가 타인을 경계하게 하니 소외와 단절이 팽배해질 수밖에 없는 시대, 모두 이방인이 되어 버린 시대다.

이런 시대에 종교를 갖는다는 것은 고향찾기가 아닐까.

유년시절 고향집 뒤뜰의 토란잎 구르던 이슬방울을 찾고 봉숭아 꽃물을 찾고 낮은 울타리로 이웃집 대소사 함께하던 살가운 정情을 찾고…. 시원始原을 거슬러 나는 어디서 왔는가, 나는 무엇인가, 나는 어디로 가는가, 이렇게 찾다 보면 '색즉시공 공즉시색' 내미는 석가도, 원래 '혼돈'이니라 하는 장자도 만나게 되지 않을까.

아, 그러다 진정 빛이신 하느님을 만난다면 바로 그곳이 고향 아니겠는가.

그러고 보니 하느님은 늘 나와 함께인데…. 아, 고향은 바로 내 가슴에 있지 않은가.

결국 내 안에 두고서 멀리 탕자처럼 돌아다녔구나.

그러니 나를 존재하게 하는 것도, 나를 나답게 지키는 것도 내 스스로 하기에 달린 것이다.

잘 살아야겠다.

체온이 있는 풍경

목욕탕에서의 일입니다.

황토팩을 한 여인이 곁에 있는 머드팩을 한 여인에게 말을 건넸습니다.

"등 밀어 드릴게요."

"아뇨, 괜찮아요, 저기, 제가 밀어 드릴까요?"

"아뇨, 저는 밀었구요, 손 닿지 않는 데라도 좀 밀어 드릴게요."

황토와 갯벌이 마주보며 씨익 웃자 가지런한 이빨이 더 희게 보입니다.

마치 인종이 다른 황인종과 흑인종이 보디랭귀지로 마

음을 나누는 듯합니다. 그까짓 등 밀어 준다는 말에 왠 호들갑이냐구요?

아니, 요즘 세상에 그게 어디 흔한 풍경인가요.

때밀이기계가 욕탕을 점령한 후부터 등 밀어 준다는 말이 쉽게 들리던가요. 더군다나 때밀이아주머니가 상주하고 있는데 말입니다.

등 밀어 주는 데 아마 오천 원 정도는 할 걸요.

이쪽에서 황토얼굴과 갯벌얼굴이 서로 미소를 나누고 있는 동안 반대편 때밀이기계는 여전히 돌고 있습니다.

아랫배가 쳐진 여인이 이리저리 춤추듯 팔을 올렸다 내렸다 하며 때를 밀고 있습니다.

기계가 사람을 부리는지 사람이 기계를 부리는지 모르겠습니다.

기계는 벽에 붙어서서 이태리타올을 감은 채 빙빙 돌고 여인은 어깨, 허리, 겨드랑이까지 몸을 올렸다 내렸다 왼쪽 오른쪽 이리저리 꼬아대니 누가 누구를, 무엇이 무엇을 부리는 것인지 혼돈스럽습니다.

컴퓨터 앞에 붙박이처럼 앉아 게임을 즐기는 것이 기계

가 사람을 다루는 겐지 사람이 기계를 다루는 겐지 헷갈리듯 말입니다.

때밀이아주머니는 검정브래지어와 팬티차림으로 여전히 퉁퉁 부은 얼굴입니다.

"오늘은 하나도 없네." 푸념처럼 내뱉는 때밀이아주머니의 말입니다. 아마 때밀이를 부탁한 손님이 없었나 봅니다.

'하나라니?' 저 아주머니에게 있어 손님은 어느새 물건으로 인식되었나 봅니다.

사람이 존엄한 인격체가 아닌 단순한 교환가치로 전락된 것이지요.

요즈음의 목욕탕 나들이는 때를 씻기 위한 목적보다는 건강이나 미용을 위해 가는 경우가 대부분이 아니던가요. 달목욕이라 하여 한달치 요금을 미리 끊어 골프 치러 가듯 매일매일 정신건강과 육체적 건강을 위해 드나드는 곳이 아닌가요.

숯가마에 앉았다가 쑥탕에 들어가고 지압도 하며 중온, 고온, 저온, 입맛대로 택해서 누리는 별천지가 생긴 게

지요.

그곳에서 TV도 보고 책도 보고 오락도 하고 식사도 즐기며 그러다 피곤하면 잠도 잘 수 있는 안락한 쉼터가 생긴 게지요.

찜질방문화라는 말도 이런 흐름 속에서 나타난 것이 아닐까요.

더군다나 요즘에는 길거리응원 대신 거기서 오순도순 모여 월드컵응원을 하는 사람도 많다고 하더군요.

바깥에는 여전히 단절과 소외의 삭막함에 회색가슴으로 메말라 가고, 기계화된 얼굴들이 거리를 채우고 있는데 이곳에서는 똑같은 유니폼으로 땀 흘리며 웰빙을 즐깁니다. 친목계를 이 곳에서 하는 경우도 허다하지요.

동네 목욕탕엔 때밀이기계가 생겨서 사람들을 기계로 길들이고 있어요.

사람들은 자신이 기계에 길들여지고 있음을 의식하지 못한 채 기계처럼 딱딱해져 가고 있습니다.

그런데 참 오랜만에 두 여인이 서로 등을 밀어 주겠다며 마음을 열고 있습니다.

말랑말랑해진 마음을 보았습니다.

마치 하늘나리꽃의 황금빛과 아이리스의 보랏빛이 살랑살랑 얼굴을 비비듯 체온이 느껴지는 풍경입니다.

역시 사람은 사람과 어우러져 있을 때 가장 아름답군요.

저 두 꽃송이 위로 나비가 날아올 듯합니다.

(조간경남 2006)

열받는 피서길

열받는다. 30도를 웃도는 날씨에 온몸이 후끈거린다.

열받는다. 주변 소식에 열받는다.

택시기사는 얼마나 경제가 어려운지 손님이 없다며 볼멘소리다.

시장상인들은 채소값, 과일값이 올라 장사가 안 된다며 너덜너덜한 천원짜리 지폐를 몇 번이고 세고 있다.

옆집 김 반장은 다니던 공장이 다른 기업으로 넘어가는 통에 직장을 잃었다고 한다. 아랫집 이 반장은 그나마 계약직에 뽑혔다며 얼굴이 밝다. 오버헤드크레인(OHC)기사자격증을 쓰다듬는 이 반장은 백만 원 정도

나마 월급을 받을 수 있지만 다른 동료들은 오갈 데가 없다.

이러다 보니 성인오락실이 호황을 누린다. 갈 곳 잃은 실직자가 쉽게 마음 붙이고 시간을 보낼 수 있는 곳이 오락실이다 보니 성인 오락실이 많이 생긴다고 한다.

그러나 오락게임도 따지고 보면 도박이 아닌가. 오락기에 매달리다 잃은 돈이 적게는 몇십만 원에서 몇백만 원이 예사라고 한다.

답답하고 짜증난다. 짜증나는 일상이 혹서기를 맞아 더욱 열받으니 피서지를 찾는다.

기계는 기계대로 아무리 쇳덩이지만 일 년 내내 돌려대니 마모가 되지 않겠는가. 쇳덩이도 열받으니 재정비가 불가피하다.

그래서 대부분 기업들이 8월 초순이면 휴가기에 든다.

일주일이나 보름 정도 휴가기간을 잡아 지친 머리를 식히고 기계도 재정비한다.

도덕 불감증

거리에 나선 피서객들 마음이 뜨겁다.

뜨거운 마음을 승용차에 담고 길을 나서 보니 고속도로 입구부터 차량행렬이 끝없다. 차 속에 갇혀 에어컨을 2단 3단으로 돌리다 보니 실내는 서늘하지만 차체는 열받는다. 저 빼곡한 차들이 다들 열을 뿜어 대니 길바닥이 열받아 후끈후끈 찐다.

겨우 목적지에 당도하여 “와, 다 왔다!” 환성도 잠시, 주차가 문제다.

목적지에서 조금 떨어진 곳에 주차해 두어도 이런 불편은 없을 텐데 다들 조금이라도 덜 걸으려다 보니 도로 양켠이 주차장이다.

왕복 이차선이 편도 일차선이 되었으니 오고가는 차량들이 애를 먹는다.

겨우 차를 세우고 숙소로 들어오니 사람 구경도 재미있다. 요사이 속옷 같은 유행패션을 귀엽게 보던 즐거움이 엘리베이트 속에서 망가진다. 대학생인 듯한 남녀가 쭈쭈바를 자르며 장난을 치더니 얼음뭉치가 엘리베이트 숫자버턴에 튕겼다. 그 얼음이 금세 뿌연 물이 되어 흘러내리는데도 아랑곳않고 계속 낄낄대는, 저 풋풋한 대학생의 도덕불감증에 열받는다.

배정된 방의 문을 열고 들어서니 툭 트인 창이 눈에 든다.

창 밖의 초록빛 들판에 나비처럼 앉고 싶다. 그 곁에 오랜만에 들어보는 파도 소리, 바다의 치마폭은 넓고 끝없다.

그래, 이거야, 이제 이 바다와 들판에다 찌든 일상과 스트레스를 씻어 내야지, 하고 짐을 푼다.

남을 배려하는 마음이 아쉽다

대충 짐을 풀고 물을 마시려 컵을 꺼내 보니 이가 빠져 있다.

이부자리를 펴 보니 머리카락이 묻어 있다.

아쉽다, 앞에 머물다 간 사람의 배려가 아쉽다. 조금만 신경 써 주면 뒷사람이 상쾌하게 피서를 즐기고 건강해진 마음으로 되돌아갈 수 있을 텐데 말이다.

열 식히러 나선 피서길, 몸에 가득 고인 열을 길에다 쏟으니 길이 열받고 그렇게 열받은 길들이 바다에 당도하여 열을 뱉아대니 바다가 열받는다.

아, 열 받는 세상! (조간경남 2006)

박씨朴氏가 들려 준 이야기

사람살이란 끊임없는 '만남'으로 이루어진다.

집에 가면 부모형제를 만나고 학교에 가면 스승과 친구를 만나고 병원에 가면 의사와 간호원을 만나고 재래시장에 가면 "자아- 오이가 한 보따리 천워~언!"하는 아주머니를 만난다.

집에 가면 김이 뭉실뭉실 피어나는 된장찌개를 만날 것이고 학교에 가면 친구와 함께 푸른 잔디에 누워 하늘만큼 높은 이상을 토로하며 내일의 꿈을 만날 것이고 병원에 가면 내 아픔이 말끔히 씻기어 나가는 산뜻함을 만날 것이다.

만남이 만남으로 이어질 때 남녀관계는 사랑으로 엮어지고 사제지간은 경외하는 마음에서 절개로 세워지고 상거래에 있어서는 단골이라는 게 생긴다.

그래서 만남은 설레는 일이고 행복을 싹 틔우는 일이다.

그런데 언제부턴가 만남은 설렘보다 두려움이 앞서게 된 것 같다.

신뢰가 무너지면서 일어난 현상이다.

의료사고를 보며 의사를 불신하게 되고 집단 따돌림이라는 기사를 보며 친구를 경계하게 되고 정치판을 보며 위정자를 불신하게 되니 갈수록 삭막해진다고 여기저기서 볼멘소리다.

소주잔을 기울이는 박씨 또한 입맛이 쓰다며 허허롭게 웃는다.

원룸에 사는 박씨의 이야기를 들어 보자.

모처럼 휴식을 취하고 있는데 핸드폰이 울렸다.

집 주인이라면서 다짜고짜 "당신이 남의 집에 주인 허락도 없이 살아도 되는 거요?"라며 재산권 침해니 뭐니

하며 소리치더란다.

박씨는 마른하늘에 이 무슨 날벼락이냐며 나는 분명히 계약서를 썼고 월세 65만원도 꼬박꼬박 내고 있는데 뭐가 잘못 됐느냐며 따졌다고 한다.

알고 봤더니 박씨를 중개해 준 A중개소에서 농간을 부린 것이었다.

집 주인은 월 33만원 받는 조건으로 1년 계약을 했는데 알고 봤더니 그동안 세입자가 여러 차례 바뀌었더라는 것이다.

집 주인은 어떤 계기로 아파트 관리사무실에 들러 확인을 했더니 자신의 재산인 원룸에 사는 사람이 처음 계약을 했던 계약자가 아니고 거주자도 여러 번 바뀌었더라는 것이다.

A중개소에서는 사람이 들고나는 것을 통보도 없이 임의로 처리하고 서류를 꾸민 것이었다.

그러면서 세입자에게서 받은 65만원 중 33만원은 주인의 계좌로 송금하고 나머지는 중개업자가 챙긴 것이었다.

그런데 정작 박씨를 허탈하게 한 것은 그 주변에는 이

런 일이 적지 않다는 것이다.

사실 박씨는 원룸을 구하기 위해 여러 중개소를 다녔지만 이 곳을 소개한 A중개소의 중개사가 친절하고 인간미가 느껴져 계약을 했던 것이다.

멀리서 왔으니 이 곳 지리가 어두울 것이라며 식당은 어디어디가 값도 싸거니와 깔끔하고 맛도 훌륭하다면서 약도를 그려 가며 소개하고, 책상은 어느 곳에 가면 좋은 질로 싸게 구입할 수 있다며 자상하게 일러 주어 박씨는 그러잖아도 서먹서먹하던 차에 이런 따뜻한 배려까지 받으니 고맙기 그지없어 훈훈한 마음으로 A중개소에서 계약을 했던 것이다.

한술 더 떠 박씨는 이처럼 따뜻하고 인간적인 중개사가 있어 세상은 더없이 밝고 아름답다고 기분좋아했는데….

그 친절과 정감 어린 배려가 오물로 뭉쳐진 것 같아 박씨는 씁쓸했다.

약정된 중개비로는 수입이 모자랐던 것일까.

어쨌던 박씨는 구청에 신고하여 저 사람들의 영업을 정지시켜야겠다며 펄펄 뛰는 집 주인에게 웬만하면 잘 타

협해서 원만히 처리하는 것이 서로 좋지 않겠느냐며 달랬다고 한다.

이 이야기를 들으며 만남을 생각했다.

처음 이 중개사와의 만남은 분명 설레는 일이었다. 그렇게 세상은 훈훈했는데 그 훈훈함이 알고 보니 위선이 아닌가. 그러니 만남에서 싹튼 설렘이 실망으로, 실망은 다시 각박해진 세상에 대한 두려움으로 이어지니 마음이 아프다.

어쩌자고 이 곳 저 곳 점점 삭막해진 소식들일까.

안타까운 마음에 푸념을 해 본다. (조간경남 2006)

어머니, 그 더러운

"에미? 그 이름 참 더러운 게지…."

우리의 어머니들이 깊은 그림자가 고인 눈으로 한숨처럼 내뱉는 말이다.

세상에서 가장 더러운 이름이 '어머니'라니…. '어머니'라는 이름이 가장 아름다운 것이라고 배웠는데 말이다.

아무리 향기롭고 아름다운 꽃이라 할지라도 시간이 흐르면 시들고 마는 것인데 어머니의 사랑만은 영원히 푸르게 아름답다고 하지 않던가. 그런 '어머니 이름'을 두고 '더럽더라'고 술회하는 어머니의 이마엔 주름골이 깊다.

어머니란 자리는 끊임없는 '포기'와 끊임없는 '비움'과 끊임없는 '태움'을 요구한다. 이 끊임없는 희생의 요구에 '더럽더라'고 하는 말은 '찢기듯 아프더라'의 역설적 표현이 아니겠는가.

어느 여인은 '엄마'라는 호칭을 듣는 것이 정말 좋고 행복하단다.

그래서 시어머니의 폭언과 폭력에도 담담할 수 있고 남편의 외도와 손찌검도 묵묵히 받아넘길 수 있더란다.

세상 어떤 영화라도 '엄마자리'를 포기할 만큼 아름답고 귀한 것은 없더란다.

그렇다. 대부분의 여성들은 '엄마자리'를 지키기 위해 자신이 꿈꾸어 오던 화려한 의상과 스포트라이트를 지워 버린다.

그 정도의 능력과 자질이라면 국회의원 아니 대통령도 될 것 같은데 말이다.

'엄마자리'를 위해서 유행가 가사처럼 가시길을 걷고 서릿길, 빙판길도 마다 않으며 먼산바라기를 하고 보낸 세월은 또 얼마나 되는가.

어떤 어머니는 "나 죽거든 내 가슴을 열어 보거라, 새까맣게 타서 재만 있을 게다."고 하지 않던가.

그래서 어머니의 베풂은 '죽음능력'이라 하는 것이다

시인 이경림의 〈아홉 개의 상자가 있는 에필로그〉(시집 「상자들」)중 〈상자9〉를 보면 『여성은…태어날 때부터 몸 속에 '자궁子宮'이라는 집 한 채를 지니고 나온다…순전히 타인을 위하여 지어진 집…그것을 유지하기 위하여…남몰래 피를 흘리는 고통을 감수한다…'에미'라는 이름…제 생을 다 내어주기 때문인지…결국에는 자신을 후루룩 들이킬 블랙홀인…어미로서의 역할을 포기하지 않는…슬픈 본성이 시대가 아무리 발달해도 끝없이 슬픈 어미들을 낳고…』라고 노래하고 있다.

참으로 가슴에 와 닿는 말이다.

이쯤되면 '에미'라는 말이 얼마나 더러운 건지, 그 역설에 충분히 수긍 가지 않는가.

여성이 만약 '어머니자리'가 아닌 '아내자리'에 비중을 두었더라면 아마 많은 여성들이 가정을 박차고 나왔을 것이다.

에미이기에, 자궁을 지닌 여성이기에 그 많은 슬픔과 한을 꾸역꾸역 삼키며 버텨 낸 것이 아닌가.

병든 조개가 진주를 낳듯 '어머니'란 보석은 슬픔과 한이 만든 것인지도 모른다.

요사이 연일 보도된 앨리슨래퍼 모자의 활짝 웃는 모습이 금강석처럼 빛난다. 팔다리가 기형임에도 아들을 낳아 건강하게 키워 낸 힘이 바로 여성만의 모성본능 아닌가.

장애인임에도 사진작가이자 구족화가로 활동한다는 것은 인간승리의 모습이다. 하지만 무엇보다 그녀가 주위의 만류에도 아이를 낳았다는 것, 그리고 입으로 기저귀를 갈고 우유를 먹일 수 있었던 건 바로 자궁을 가진 모성이 창조해 낸 것이니 가히 신적 경지가 아니고 무엇인가.

그래서 어머니는 신神이라 한다.

우리 가운데 어머니의 '죽음'의 힘으로 '나'라는 존재로 살아 있음을 부정할 자가 어디 있는가.

가정의 달 오월을 맞아 나도 어머니를 불러 본다.

"어머니, 아니 엄마아!" (조간경남 2006)

장군천을 살리자

마산시청 건너편에 재래시장이 있다.

장군이 났다 하여 장군동이라 붙여진 곳으로 장군천을 끼고 앉은 자그마한 장터다.

힘차게 흐르는 장군천의 물살 덕분일까, 시장사람들의 펄떡펄떡 뛰는 맥박이 피부에 와 닿는다.

집채만 한 엉덩이를 드러낸 채 장군천 물살 따라 소변을 보는 아주머니가 있는가 하면 마음씨 좋아 보이는 생선장수 아주머니의 뱅뱅 도는 듯한 도수 높은 안경이 있다.

“자아, 오이소 오이소. 시잉싱한 고등어가 한 마리에 천 워-언!”하며 칼끝을 통나무도마에 통통 찍어 대는 구릿빛 팔뚝이 있다.

한 귀퉁이에선 텁텁한 막걸리에 육자배기 타령이 흥취를 돋우고 화덕 위에 올려진 낙지도 발을 오그렸다 폈다 몸을 비틀어 춤추는 듯한 장군동시장은 이렇게 신명나는 굿판을 연출하는 곳이다.

여기에 터 잡은 상인이 대략 칠팔십 명 정도의 소박한 곳이어서일까, 시장에 들어서면 모두가 피붙이인 듯 살갑고 예쁘다.

예쁘다? 그래, 이 정경이 예쁘게 보이는 것이 단순히 아담한 구조여서일까?

가만 둘러보니 그건 장군천만이 갖춘 주변의 경관에서 비롯된 것이었다.

우선 장군천 초입을 보면 넓은 터에 정자나무처럼 넉넉한 아름드리 벚나무가 줄지어 있으니 4월이 되면 꽃그늘 아래 앉아 흐르는 개천을 보며 바쁜 일상에서 잠시 여유를 갖게 하고 나란히 자라는 사철나무며 버드나무의 휘어진 가지는 굳어진 마음을 풀어 준다.

개천을 따라 오르며 좌판에 깔린 산나물이며 오이, 홍합 등 이것저것 산 것을 검정비닐봉지에 담아 윗자락까지 오르고 보면 꽤 묵은 듯한 소나무가 짙은 그늘로 하늘을 덮고 있다.

개천을 가운데 두고 건너편 벚나무도 길게 가지를 뻗어 있어 소나무는 마치 굵은 바리톤으로 '오 솔레미오'를 부르는 듯하고 벚나무는 '오 내 사랑'으로 화답하듯 두 나무의 가지가 닿아 엉겨 있으니 연리지連理枝가 따로 없구나 싶을 정도다.

버드나무 아래 세차게 흐르는 물살이며 돌담, 잡초와 개천 주변의 다소 기운 듯한 집들, 그리고 아슬아슬한 공간에 자리매김한 살구꽃이며 수국 홍매화가 가난했지만 따스했던 60년대의 고향을 떠올리게 하는 풍경이다.

이런 아름답고 질박한 자연환경을 잘 살리고 가꾸면 그림 같은 예쁜 시장이 되어 새로운 문화로 태어나지 않을까 싶다. 서울의 청계천처럼 말이다.

그리 한다면 정선 아우라지나 하동의 화개장터 못지않은 관광상품의 가치를 획득하게 되리라 여겨진다.

꽃과 개천의 맑은 물과 굵은 소나무, 그리고 질펀한 인간미가 넘치는 장터가 아우러진 아담한 쉼터로 말이다.

개천 주변의 청결과 미화에 신경을 쓰고 상인들에게 이

런 취지의 긍지를 심어 의식화에 주력한다면 충분히 동화 같은 장소가 되리라 믿는다.

그리 하면 '진리란 무엇인가, 나는 내가 아무것도 모른다는 사실을 안다.'며 길거리, 시장에서 마주치는 모든 사람과 더불어 이야기하던 또 다른 소크라테스를 만날 수 있고 '너희는 인간을 초극하기 위하여 무엇을 하였는가?' 외치며 시장바닥을 누비던 또 다른 니체가 나타나기도 할 것이다.

이렇듯 다양한 사람을 불러들여 단순한 시장바닥이 아닌 삶의 재충전과 가치를 배우고 폭넓은 문화를 공유하는 훌륭한 요람이 되리라 기대되는 곳이 바로 장군시장이다.

백화점이 갖춘 편의와 세련미를 적절히 도입하면 그야말로 동화 같은 장터가 되지 않을까? (조간경남 2006)

미안하다, 카나리아야

고려청자나 이조백자라 할지라도 그것을 화장실 바닥에 두면 휴지통이 된다.

하찮은 모조품일지라도 거실 중앙 장식장에 두면 귀한 소장품으로 비친다.

이렇듯 모든 사물은 놓이는 장소에 따라 그 격이 달라진다.

사물은 그에 걸맞은 장소에 놓일 때 제 값을 하고 가치를 드러내는 것이다.

그래서 장소는 인간의 질서와 자연의 질서가 융합된 곳이라 한다.

사람에게 있어 장소는 거주와 사회활동의 기반을 이루는 곳이듯 꽃이나 나무, 동물 등의 자연에 있어서도 장소는 삶의 터전이며 놀이의 기반이다. 따라서 장소란 유토피아를 그리는 추상적인 공간이 아닌 것이다.

고속도로를 달리다 보면 으레 한두 번쯤은 휴게소에 들른다. 휴게소에 내리면 잠시 몸도 풀지만 우선 화장실부터 가게 된다.

몇십 년 전만 하여도 비루하고 혐오스런 인생살이를 두고 '기차역 화장실 같은 삶'이라 비유할 만큼 악취 나고 지저분한 환경이었는데 요즈음은 많이 개선되었다.

오늘날에는 기차역이고 터미널이고 유원지 어디를 가도 화장실이 깨끗하다.

각 휴게소마다 서로 경쟁하듯 꾸며져 있다. 그래, 잘 꾸며졌다. 잘 꾸미기에 급급하여 이래도 되는 것일까 싶을 정도다.

화장실에 들어가니 입구에서 찌익찍 소리가 났다.

소리를 따라가 보았더니 카나리아다. 흰 타일벽 높은 곳에 걸린 새장에 있었다.

맙소사, 아파트 발코니도 아니고 그림 같은 찻집도 아니고 화장실이라니….

스피커를 통해서는 '자연을 사랑하는 ○○휴게소'라며 소개한다. 둥근 공간에 화장실을 칸칸이 빙 둘러 배치하여 달팽이처럼 지었노라 홍보한다.

누구 하나 카나리아의 지친 울음소리에 관심 두는 이는 없다.

새장 아래에는 한국도로공사에서 내린 표창장이 걸려 있다.

> 귀하는 평소 맡은 바 직무에 헌신적인
> 노력으로 우리의 얼굴인 화장실문화를
> 가꾸는 일에 함께하여 주셔서 고마움과
> 감사의 마음을 담아 이 상을 드립니다.
>
> -화장실문화연대
>
> 회장 ○○○

차갑고 딱딱한 타일의 네모가 저 카나리아의 하늘인가.

화장실 밀폐된 공간과 지린내가 저 카나리아의 푸른 숲이며 풀향기란 말인가.

백양나무 푸른 창공은 공룡처럼 사라졌단 말인가.

바다를 매립하고 도롱뇽의 터전을 뭉개고 미니강아지를 만들어 인형놀이 하더니 이젠 멀쩡한 새를 갖고 인형놀이 하는 건가.

스피커에선 여전히 '자연을 사랑하는 ○○휴게소'라 외친다.

그 후로도 수차례 그 휴게소에 들르게 되었는데 그때마다 카나리아가 궁금하였다. 어느 때는 잠잠하고 어느 때는 꽥꽥대기도 하였다.

물론 수컷이 암컷을 찾을 때 소리친다는 생물학적 상식이야 아는 바지만 이건 그런 구애행동으로 보이지 않는다.

어느 때는 한 쌍이더니 어느 때는 한 마리만 남아 있고 얼마 후 가 보면 새장은 비어 있다.

아, 이젠 사람들이 새 학대를 뉘우치고 철수하였나 보다 하였는데 그 후 들렀을 땐 새로 한 쌍이 들어 있었다. 그 뒤 들렀더니 다시 한 마리만 남아 있었다. 왜 이런 숫자의 변화가 있는가.

생각해 보니 뻔한 것이었다. 스트레스에 시달린 새가 죽은 것이고 죽으면 다시 건전지를 갈아 끼우듯 새로 사 넣은 것이다.

자연을 거스르는 인간의 오만은 어디까지 갈 것인가.

새가 살 장소는 푸른 숲이며 그들의 운동장은 하늘이 아닌가. 세상 만물은 모두 제가 누릴 장소를 갖는 게 순리이거늘 자연을 거슬렀을 때 닥칠 재앙이 두렵다.

바다를 매립한 탓에 닥친 해일의 엄청난 피해를 우리는 기억한다.

시인 반칠환은 해일을 두고 '물고기들이 울어서 넘치는 해일, 바다가 울어서 넘치는 해일'이라 했거늘 사람들은 어찌 저 자연의 소리에 귀 기울이질 못 하는가.

'자연을 사랑하는 ○○휴게소' 노래 여전하다.

카나리아가 저 소리 들으면 뭐라고 할까.

미안하다 카나리아야, 내가 사람이어서 미안하다.

(조간경남 2006)

‘회썰기 달인’ 이기재씨의 여정

자갈치 생활이 20년째로 접어드는 ‘해왕상회’ 대표 이기재씨는 꽤 유명하다.

‘회썰기 달인’으로 소개된 방송만 해도 KBS의 ‘모닝 와이드’, KBS2의 ‘세상을 여는 아침’, KBS의 ‘6시 내 고향’, SBS의 ‘1박2일’, 그리고 ‘생활의 달인’, KBS2의 ‘무한지대Q’, PSB의 ‘전국시대’, 그뿐 아니라 영국, 미국, 일본, 호주 등 세계적으로 소개된 인물이다.

서글서글하고 훤출한 인상은 처음 보는 순간 자신감에 찬 긍정적인 사람임을 단박에 느끼게 한다.

그는 경남 거제도 출신이다. 여섯 살때 아버지가 돌아

가시고 어머니 홀로 다섯 남매를 키웠다.

그러다 보니 자연히 가정형편이 어려웠다. 그래서 학비가 들지 않는 부산 해사고등학교에 들어간다.

해사고등학교는 체력이 튼튼한 학생을 국비 장학생으로 선발하여 선원을 양성하는 목적으로 설립된 학교다. 그러니 만큼 학교 일정이 빡빡하여 입학생 중 상당수는 탈락할 정도로 졸업이 까다롭다.

그는 고등학교 시절 풍물놀이에 심취한다.

'다대포 후리소리'(부산시 무형문화재7호)와 '부산 아미 농악대'(부산시 무형문화재6호)에 들어가 상모돌리기를 할 만큼 열정적이었다.

그리고 고등학교를 졸업한 후 배를 탄다.

적응력이 뛰어났지만 '조양상선' 기관부에서 선박생활을 하면서 지루함을 느끼고 회사를 그만둔다.

사회에 첫발을 내딛은 그때까지만 해도 그는 착한 학생이었고 성실하였다.

하지만 선원생활을 마감한 후부터 생활이 무질서해졌다. 그동안 경험해 보지 못한 나이트클럽도 가고 유흥업소를 들락거리며 담배도 배웠다. 그러면서 사회에 적응

해 갔다.

그러다 다시 공장에 취직한다. 손재주가 뛰어난 그는 다른 사람보다 업무 처리 능력이 두세 배는 빨라 상관으로부터 인정을 받는다.

그러다 징집 영장을 받고 군대에 가게 되었고 제대 후엔 고향인 거제에 내려가서 염소 방목이나 하며 시간을 보낸다.

그의 말에 의하면 성격이 급하고 참을성이 부족하여 싸움도 많이 하고 사고도 많이 쳤다고 한다. 하지만 아버지 역할을 하는 얌전한 형님은 크게 나무라지도 않고 오히려 동생의 화끈하고 솔직한 행동에 대리만족을 하는 듯 씨익 웃기만 하더란다.

그러던 어느 날 문득 '이렇게 지내서야 되겠는가, 그래 착실히 살아야겠다.'는 마음이 들어 지금의 '신동아'건물에서 장사하는 부산 누나 집으로 온다.

거제를 떠나면서 '간이랑 쓸개는 다 빼 놓고 갈게.'라고 말할 만큼 그는 각오를 단단히 하였다. 182cm의 키에 몸무게 59kg인 깡마른 체격으로 오로지 깡다구 하나로 부산 자갈치 시장에 들어선 것이다.

누나 밑에서 월급도 없이 일한 두 달은 칼도 한번 잡아 보지 못했다. 그 후에도 계속 누나 밑에서 일을 했지만 월급이 너무 박해서 뛰쳐나오려 했으나 어머니가 말리는 통에 5년을 그곳에서 버티었다.

그러다가 이쪽 '자갈치' 건물에 있는 '밀양상회'에서 10년을 근무한다. 그동안 '신동아'와 '자갈치' 건물을 한두 차례 옮기면서 말이다.

그러던 중 축제 행사때 '장어껍질 벗기기' 대회가 있었고 그 대회에 출전하여 1등을 하게 된다. '신동아' 센터에서 5명, '자갈치' 센터에서 5명씩 출전하는데 그는 '신동아' 대표로 나올 때도 1등, 그 다음 해 '자갈치' 대표로 나올 때도 1등을 한다.

그만큼 그는 생선을 잡을 때도 효과적이고 능률적인 방법을 연구하여 실행하는 사람이다. 칼질하는 데 있어 몸 전체를 사용하는 것이 아니라 어깨만을 움직이며 썬다. 그리고 몸의 리듬을 따라 썰기를 하기 때문에 힘도 덜 덜고 수월한 것이다. 그러다 다시 팔목만 사용해서 썰기를 시도하는 등 늘 보다 빠르고 신선한 횟감을 내어놓기 위해 연구하고 실험한다.

싱싱한 생선을 사람 손으로 오래 다루게 되면 체온으로 인해 신선도가 떨어져 육질이 탄력을 잃기 때문에 그는 생선을 빨리 썰어 내기 위해 엄청난 노력을 기울였다. 짬이 날 때마다 연습에 연습을 거듭하였다. 횟감용 생선을 썰기 연습용으로 사용할 수 없어 회를 포장할 때 쓰는 종이 펄프와 신문지를 둘둘 말아서 밤늦도록 칼질을 연습하였다 한다.

'회썰기 달인'이 되기까지 그가 얼마나 노력했는지 알 것 같다.

그렇게 신명난 듯 회썰기를 하지만 실은 그것도 중노동이다. 그러다 보니 근육통이 생겨 어깨가 자주 쑤시고 아프단다.

손가락마다 상처도 많고 굳은살이 박혀 티눈이 1cm가량 솟은 데도 있다.

"출근은 대개 몇 시에 하세요?"

"그건 내 마음이지요, 나는 무엇을 하든 자유로와야 돼요. 매이지 않아요."

출근은 자유지만 퇴근은 저녁 10시경이란다.

"자갈치가 가진 매력이라면 무얼까요?"

"그거야 억셈이지요, 고함 소리와 억척! 그게 자갈치의 힘이자 매력입니다."

역시 시원시원하게 답해 준다.

하지만 노점 형태이던 자갈치시장이 상가 건물로 바뀌면서 많이 부드러워졌다고 한다. 상거래 질서도 많이 바뀌었다. 흥정 형태도 달라졌다. 예전엔 손님이 이것저것 만지다 값만 묻고 돌아서면 재수 없다고 뒤통수에 대고 소금을 뿌리기도 했지만 지금은 호객행위도 못 하게 하는 등 제재가 생기는 바람에 많이 점잖아졌다고 한다.

특히 인터넷시대여서 자칫 불친절하면 인터넷에 글을 올려 대는 통에 조심한다고 한다. 왜냐면 심한 경우 영업정지까지 당하기 때문이란다.

그래도 여전히 자갈치에는 보이지 않는 경쟁과 억센 의지로 삶을 펄떡펄떡 뛰게 하는 힘이 있다.

그는 특별히 봉사단체에 가입하거나 불우이웃돕기 행사 등에 참여하지는 않지만 가끔씩 장애자들이 구걸하러 오면 대부분 외면하지 않고 기도하는 마음으로 지전 몇 장을 건넨단다.

평소에 어머니가 큰 절에는 큰부자가 많아 넉넉하지만

작은 절은 그리 넉넉하지 못하니 '암자'에 보태 주라시던 말씀을 따른다는 것이다.

'해왕상회' 결문을 여니 수변공원에 즐비하게 세워진 솟대가 하늘로 날아오를 듯 펄럭거리고 있다.

자갈치 앞바다는 물결도 다양하고 파도에도 에너지가 뭉실뭉실 핀다.

스스로 자신이 무척 엉뚱한 성격이라고 말하는 그는 술은 체질적으로 받지 않아서 잘 못 하지만 담배는 골초 수준으로 피운단다.

1969년생인 그는 늘 자신의 일을 생각하며 발전적이고 건설적인 것이 무엇인가를 고민하는 사람이다.

'순리는 내가 만들어 가는 것이다'라는 의지로 항상 활기가 넘친다. 가령 장어를 잡을 때 대부분 사람들은 여섯 동작을 거치지만 그는 네 번의 동작으로 가뿐하게 잡는다. 효율적이고 경쾌한 방법을 추구한 결과이다.

그리고 대회에 참여할 때에도 대부분의 참가자들은 긴장을 많이 하는 데 비해 그는 '될 대로 돼라.'는 배짱으로 대범하게 임하다 보니 자연히 유리하더라고 한다.

TV방송에 출연할 때도 방송사 측의 대본을 따르기보

다 본인의 의사대로 빨리 진행할 것을 요구한다. 왜냐하면 손님이 왔을 때 바로 시작해야 회도 싱싱하고 현장감도 살기 때문이다.

그러다 보니 멘트도 본인이 즉흥적이고 화끈한 어투로 밀고나간다. 그랬더니 그게 오히려 맛깔스럽고 재미있다며 좋은 평판을 받아 방송사 측에서 더 많은 시간을 할애하여 방영하더란다.

그만큼 그는 자신이 택한 일에 자부심을 갖는다. 그러기 위해 창조적이며 융통성 있는 사고로 열심히 산다는 것이다.

어느 때 보람을 느끼냐고 물었더니, 손님이 드시고 갈 때 "정말 맛있게 먹었다. 다음에 또 오겠소."라고 말할 때가 제일 보람 있고 행복하단다.

IMF때 보증을 잘못 서서 '신용불량자'가 되어 애를 먹기도 했지만 지금은 끄떡없단다. 하루에 장어를 보통 200kg(대략 2000마리 이상) 잡는다는 그, 그가 잡은 장어를 연결하면 지구를 몇 바퀴는 돌았을 거라 한다.

오징어를 썰 땐 열 마리씩 겹쳐서 써는데 어쩌다 자칫

손을 베일 때도 있단다. 하지만 그것을 손님이 눈치채게 되면 불안해 하고 행여 피가 횟감에 배어들까 미심쩍어하기 때문에 내색하지 않고 끝까지 썰어 낸단다. 그런 후 돌아서서 장갑을 벗어 보면 피가 흥건할 때도 있단다.

참, 지금 그의 아내는 자신의 가게를 찾은 손님으로 그가 노란 비닐 앞치마를 두른 모습이 멋있다고 고백하는 바람에 부부가 되었다고 한다.

언젠가 아들이 "아빠는 어느 대학 나왔어?" 하고 묻는 말에 서슴없이 "응, 아빠는 자갈치 대학 나왔다." 명쾌한 대답이다.

그러고 보니 자갈치 대학만큼 치열하게 가르치고 현장실습위주인 대학이 어디 있을까 싶다.

늘 '하면 된다.'는 신념으로 달려온 패기와 프로 정신에 힘찬 박수를 보낸다.

명문 중의 명문 자갈치 대학, 화이팅!

화명동 둔치에서

보洑가 없다.

보란 논에 물을 대기 위해 둑을 쌓고 흐르는 물을 가두는 것인데 이 곳 둔치는 가로막거나 가둔 것 없이 환하게 열려 있다.

막거나 가두게 되면 단절을 부르고 단절은 소외를 불러일으키는데 이 곳에는 그런 단절이 없으니 우선 마음이 푹 놓인다.

이처럼 시야가 확 트이는 것은 나무로 만든 산책로를 제외하고는 높은 건물 따위의 인공구조물이 없기 때문이다.

멀찌감치 서 있는 아파트 단지가 도리어 작아 보인다.

강 건너 산도 이 둔치의 소박함에 눈높이를 맞추려 키를 낮춘 듯 작아 보인다.

세상 소음과 동떨어진 이 곳은 자연 생태 하천의 천국이다.

갈풀, 띠, 세모고랭이, 수크령, 부들, 갈대, 물억새, 노랑어리 연꽃, 물옥잠, 수련, 자라말, 생이가래, 마름 등 키 작은 풀들의 천국이다.

나는 이 군락지를 풀마을이라 붙여 본다.

화려하지 않은 마을.

권위를 지운 마을.

귀족이기를 거부한 마을.

키가 낮아 더 커 보이는 마을.

흙과 가장 가까운, 흙을 닮은 마을.

우리 모두의 귀착지인 흙을 생각하게 하는 이 곳.

나른한 봄날 깜박 잠들다 눈 떴을 때 내 몸을 감싸고 있던 햇살, 그 포근함이라 할까, 아무튼 아무리 짓누르는 아픔도 저절로 아물게 하는, 그런 힘을 지닌 곳이다.

이 곳에 서니 엊그제 다녀온 신라의 옛 고도古都, 경주의 숲길이 떠오른다.

불국사, 석굴암 주변 숲길에는 역사를 지켜본 고목이 기품있게 뻗어 있다.

거목의 둥치에서 권위가 보이고 귀티가 우러났다.

긴 세월을 살아 낸 숲이 지나는 사람들을 턱없이 작아 보이게 한다.

그런가 하면 숲은 때로 사람을 가두기도 한다. 울창한 숲, 우람한 나무가 빛을 가려 길이 지워지거나 헷갈리게 하여 당황하게 하는 경우도 더러 있다. 하지만 이 곳 둔치는 낮은 키로 온통 주위를 열고 있으니 오히려 내가 난장이 세계에서 홀로 거인이 된 듯 미안해진다.

산책로도 시멘트나 아스팔트가 아닌 흙과 모래를 섞어 만든 마사포를 깔아 자연의 향취를 오롯이 느끼게 한다. 인위적인 것이라면 낙동강 물을 끌어들여 만든 두 군데의 습지가 있을 뿐이다.

습지에는 청둥오리가 태평스레 놀고 있다.

뒤뚱뒤뚱 풀밭으로 오르는 여섯 마리의 오리, 그 노오

란 발이 개나리 꽃잎 같다. 노랑어리연꽃, 물옥잠, 수련이 습지에 떠 있고 가장자리에는 꽃창포가 밭을 이루고 있다.

나무 산책로로 츄리닝 차림의 여자들 몇이 자전거를 끌고 지나고 그 곁에서 난간을 잡고 손자와 숨기놀이를 하는 할머니 할아버지도 어린아이 같다.

함께 뛰던 아이가 잉~ 하고 떼를 쓰면 할머니도 따라서 잉~ 할아버지도 따라서 이잉~, 저들도 이 작은 마을의 식구가 되려나 보다.

이 곳은 그런 곳이다. 가만히 서 있어 보면 저들과 동화되어 잠자리가 되거나 모시나비가 되어 어울리게 되고 말 것 같은 곳이다.

저만치 내려앉은 까치도 제 몸집이 커서 미안하다는 듯 다소곳하다.

어린 잠자리가 억새풀에 앉더니 강아지풀로 갈풀로 옮겨 날고 있다.

그렇다. 세상 빌딩의 높이에 주눅들거나 귀족적이고 세련된 것에 염증이 날 때면 이 곳을 찾아 보라.

아니, 내가 왜 이리 쪼그라들고 허허로운가 하며 서글퍼진다면 이 곳을 찾아 보라.

도시 보도블록 틈새로 삐죽하니 고개 내밀고 '여기 있노라!' 외치던 풀, 볼품 없어 잡초라고 이름 붙인 저것들이 이 곳에서 천국을 만들었다.

세상 소음이 다가서지 못하는 이 곳.

소박함으로 빛이 나는 이 곳.

속살속살 부는 바람에 귀 맡겨 보니 저 풀냄새가 내게 속삭인다.

'고마워요, 고마워요.

우리들을 간섭해 주지 않아서 고마워요.

우리를 지켜 주어서 고마워요.

우리끼리 모여 살게 해 줘서 참 행복해요.

우리가 땅과 더불어 살게 해 주어서 고마워요.'

사람들에게 전해 달라는 낮은 외침들. 그래서 나는 이렇게 옮겨 쓰고 인사한다.

'그래 그래, 나도 고마워, 내가 잠시 나비가 되게 해 주어서 고맙고 흙 냄새 맡게 해 주어서 정말 고마워!'

성악가의 고백

노래를 싫어하는 사람이 있을까. 아기도 노래를 들려주면 손뼉을 치며 엉덩이를 들썩거린다. 이렇듯 인간의 가장 원초적이고 진실한 언어는 음악이 아닌가 싶다.

교회의 미사전례도 그러하다. 성가로 시작하여 성가로 마친다.

지금은 사라졌지만 나이 지긋한 사람들은 아마 누구나 교회 첨탑에서 울려 퍼지는 간절한 종소리를 기억하고 있을 것이다.

깊은 밤, 멀리서 가랑잎 스치는 듯 들려 오는 찬송가, 그 은은한 종소리에 더러는 베갯잇을 적신 이도 있을 것이다.

그때, 그 종소리에 매료되어 교회를 찾은 빡빡머리 중학생이 있었으니 그가 바로 스테파노(김성중)씨다. 미사 중 깊은 샘을 끌어올리듯 절절한 그의 성가에 매혹되어 아래층에 앉은 신자들을 이층으로 힐긋힐긋 고개를 돌리게 하는 성가대 지휘자 바리톤 김성중씨다.

시를 즐겨 쓴 문학 지망생이었던 그를 하느님은 종소리를 매개로 하여 이끌어 들이시고 나아가 성악가로서 음악인의 길을 걷게 하셨다.

소아마비를 앓아 다리를 저는 그는 불을 감춘, 얼음조각 같은 인상의 미남형이다.

인간적으로 베토벤을 좋아한다는 그는 서양음악의 뿌리는 교회음악인지라, 종교음악 이전에 서양음악으로서의 음악사에 의혹을 가지고 카톨릭음악의 본질을 캐기 위해 성당을 칮았단다.

그가 1980년 크리스마스 때에 영세를 받게 된 큰 원인은 생활의 어려움이다. 외국에서의 생활은 외롭고 경제적 어려움도 따랐으며 특히 맏아들의 뒷바라지를 위해 고생하시는 아버지의 모습은 무척 부담스러웠다. 그런 여건에서 흔들리지 않는 기둥이 필요하였고 그러다 보니 신앙의 필요성을 절감하였노라고 말한다.

그렇게 완월성당과 인연을 맺은 이후 몇 차례 이사를 하였지만 고향과 같은 이 본당을 떠나지 않고 십 년이 넘도록 성가대 지휘자로 봉사하고 있는 그도 때로는 지쳐서 쉬고 싶을 때가 있다. 하지만 그때마다 "어렵지만 헤쳐 나가자. 사람이 살아가면서 많은 죄를 짓게 되는데 나는 그 죄의 보속으로 이렇게 봉사하자. 이건 내 일이다."하고 추스르며 일어선다.

성가대를 이끌자면 어려운 점도 많다.

신부님의 적극적인 홍보로 성가단원은 많이 보충되었지만 반주자가 귀해서 애를 먹는다.

다행이 청년부에서 협조를 해 주어 많은 힘이 된다고 한다. 단원이 많고 열심히 협조해 주면 성가대는 신명나는 굿판이 될 텐데…….

시간에 쫓겨 바쁘게 뛰지만 다행스럽게도 건강이 따라주니 '언제나 하느님은 내 편이시다.'는 확신에 감사할 따름이란다.

후학을 기르는 것이 보람이며 내 좋아 하는 것 내 하고 싶은 것 하니 행복하다고 말하며 수줍게 웃는다

그 미소 뒤로 뜨거운 가슴과 해맑은 미소년의 순수함이 겹쳐지니 그가 가는 길엔 언제나 푸른 숲과 새들이 함께 창공을 누비며 노래하리라.

실버는 아직 푸르다

고령화시대다.

출산율은 저하되고 웰빙이라 하여 건강관리에 주력하니 평균수명은 길어진다.

아침에 산을 오르는 사람들을 보면 대부분이 중장년들이다. 운동기구에 매달려 근육을 키우고 맨손체조로 체력을 단련시키지만 정작 저 건강한 에너지를 쏟을 곳이 어디에 있는가.

저들은 대부분 구조조정이다 명예퇴직이다 하여 권고사직을 받은 세대다.

보릿고개 시절에 태어나 새마을운동을 거쳐 IMF를 극복한 저들, 저들은 30촉 알전등 아래서 공부하며 농경시대, 산업시대, 전자시대에 이르기까지 발바닥에 불이 날 정도로 뛴 사람들이다.

'사오정' '오륙도'도 옛말이 되고 이젠 이구백(이십대

90% 백수), 십장생(10대도 장차 백수를 생각함)이란 신조어가 나오는 실정이라지만 저들은 멈추지 않는다. 아니 멈출 수 없다.

아직도 피는 끓는다

저들은 이제야말로 굽이굽이 헤쳐 나온 지혜와 지식과 지성을 펼쳐 보일 때가 아닌가. 그러한 실버들이 컴퓨터 강좌 '실버반'에 들어가 열심히 익히더니 속도시대에 편승한다.

네이버에서 '노인정&경로당'이라는 카페를 클릭해 보면 '잼남 유머' '잼난 글'이 많다. '방가 방가- ㅎㅎㅎ' 요즘 네티즌 못지않게 재치가 넘친다.

청마루, 초록별, 빨강머리, 한송이 등의 아이디를 가진 노티즌들이 인터넷에 넘치는 욕설과 저주를 청소하려 한다. 젊은 세대들이 생각 없이 올린 거친 말투와 욕설을 '실버'들의 지혜로 청소하는 작업을 할 때이다.

며칠 전 '실버천국'이란 기사를 봤다.

실버천국이라는 남이섬에는 배 5척 중 4척은 선장이 60대라 한다. 도자기공장 책임자는 70대이고 꽃이름과

안내판도 대부분 '실버'들의 손길로 다듬어진 것이라 한다.

이 섬에서 활약하는 실버들은 공무원으로 퇴직한 분, 대기업 혹은 은행 은퇴자들이 대부분이라 한다.

이곳은 '사오정'이니 '오륙도'와는 별천지로 80세까지 일한다고 한다. 물론 '실버'들이 일하는 속도는 젊은 네티즌을 따르기는 어렵다.

하지만 토끼와 거북이의 우화를 잘 알지 않는가. 거북이는 비록 느리지만 꾸준한 걸음으로 우승을 차지하지 않던가.

'실버'들의 세심함이 속도에선 뒤처지지만 실수 없고 깔끔한 마무리는 오히려 일의 완벽에 있어서는 우세다.

남이섬에 들르는 젊은이들의 휴식과 오락을 위해 실버 할아버지들이 묵묵히 일할 동안 서울 강남에 사는 실버 할머니들은 손주들 뒷바라지에 하루 해가 짧단다.

세대차이? 웃기지 마

초등학생 손자의 영어학원, 음악학원, 미술학원에 시간 맞춰 실어나르는 '로드매니저'로 뛰는가 하면 어떤 할머니는 아이를 직접 가르치는 '강사'가 되기도 하고 '예절 교육' 선생님이 되기도 한다.

저 할머니들은 1970년대의 치맛바람 세대답다.

저 할머니 역시 보릿고개 때에 태어나 산업화, IMF를 겪어 낸 분들이다.

학교교육과 가정교육이 얼마나 중요한지를 몸소 겪은 분들이다.

60이 넘어 되돌아보면 어떤 점이 실패이고 어떤 면에서 참 잘 선택한 것이었는지 분별이 된다.

그래서 더욱 확고해진 신념으로 달리게 되니 극성이라지만 현명한 젊은 엄마라면 저 분들의 지혜를 존중하며 따르리라.

이런 고령화시대에 구청이나 동회 YMCA 등에서 보육도우미, 소비자모니터, 할머니 번개장터 같은 소규모 프로그램을 개발한다니 반가운 소식이다.

중장년 선배님들, 구석구석 들여다보면 여기저기서 선배님들의 손길을 기다리고 있답니다.

힘 내세요, 파이팅! (조간경남 2006)

문화를 생각하다

영도다리 입구에 서서 왼쪽과 오른쪽을 번갈아 본다.

한쪽은 자갈치시장 건어물상가, 반대쪽은 롯데백화점이다.

내 발길은 자갈치시장 건어물상가에 닿는다.

건어물상가는 1920년대 일제강점기 때의 건축물이다. 대부분 목조건물인지라 낡아 너덜너덜하다.

지붕도 다양하다.

김씨 영감 굽은 등처럼 한쪽으로 기운 기와지붕이 있는가 하면 어떤 것은 욕쟁이 사천댁이 벗어 던진 군청색 비닐 치맛자락 같은 것이 지붕을 둘둘 말듯 감싸고 있고, 더러는 폐타이어가 엮어져 달려 있기도 하다.

외벽도 어떤 것은 검정색 콜타르, 그 곁은 주황색, 또 그 곁은 파란색으로 칠해진 것이 마치 눈 어두운 노인의 칙칙한 형색이 되어 백 년 가까운 세월을 고스란히 펼쳐 보여 주고 있다.

들여다보면 해방과 전쟁, 그리고 피난민들의 절규 어린 생활모습이 얼룩진 곳이다.

비닐 우산뭉치를 옆구리에 끼고 달리던 소년의 발자국이 자갈치 거리에 질펀하게 찍혀 있고 물장수, 지게꾼 이야기며 원숭이, 약장수 얘기랑 숫자판 야바위 구경하며 한 마디 거들다가 귀싸대기 맞을 뻔한 추억들이 구멍구멍 담겨 있는 역사의 장소다.

전쟁 중 잃어버린 가족을 찾기 위해 매일 이 곳에 와서 기웃대며 걷던 곳, 그러다가 땅바닥에 퍼질러 앉아 술잔을 기울이던 곳, 아픔의 장소이자 갓 잡은 생선처럼 파닥거리며 살아온 생生의 표상이다.

그래서 자갈치 시장은 거칠다. 목소리도 크다.

그러고 보니 도로 건너 백화점과는 세계가 다르다.

저쪽 건물에선 향수냄새가 은은했지만 이곳은 말린 바

닷내가 물큰하다.

저쪽에서 샹들리에가 춤을 춘다면 이쪽은 형광등과 알전등이 덩실 어깨춤을 춘다.

길 건너 높은 건물이 금속성의 기하학무늬와 화려한 외벽이라면, 이곳은 비닐 천막의 차양이 어깨 대고 모인 곳이다.

길 건너 점원들이 머플러를 깃털처럼 나풀거릴 때 이곳 '아지매'들은 두터운 마후라로 체온을 감싸고 바다를 감싸고 있다.

저쪽에는 리본을 묶은 화려한 포장지가 있고 이쪽에는 골판지 박스의 비닐끈이 있다.

저쪽이 세련된 변화를 추구하는 반면, 이쪽은 추억과 역사와 낭만을 품고 있다.

그렇다, 이곳은 옛것을 지키고 고향을 지키고 있는 것이다.

문화란 무엇일까, 새로움을 위해 옛것을 지우는 것일까, 아니면 켜켜이 쌓인 기억을 반추하며 '너와 나' 더불어 살던 점액질의 관계를 소중히 가꾸는 것일까, 무엇이 정신적인 풍요를 주는지 헤아려 본다.

물론 세계화와 그에 따른 속도가 현대를 사는 우리에게 필수이고 중요하지만 한편 역사가 살아 숨쉬고 전통이 꿈틀대는 옛것을 지키는 것이 진정 가치 있는 문화가 아닐까, 생각해 본다.

지상과 지하의 경계

-심점환 화가의 작업실 풍경

그의 작업실은 산복도로에 있었다.

그를 만나기 전 대충 짚어 본 작품 〈바다에 누워〉, 〈과정〉, 〈영웅〉 등을 보며 아마 이 작가는 공격적일지도 모른다는 상상을 하며 목적지에 다다랐다. SECOM이 부착된 철문을 열자 '맹견 주의!'라는 팻말이 눈길을 끈다. 상상 탓일까, '맹견 주의!'가 '나 심점환 주의!'로 읽혀 속으로 씨익 웃었다.

작업실은 지하에 있다며 그가 시멘트마당을 질러 앞섰다.

계단은 폭이 칠팔십센티나 될까, 몸을 비틀어야 내려

갈 수 있었다.

배수관이 붙은 계단 주변에 아무렇게나 버려진 보일러통, 스티로폼, 플라스틱 물통 등이 담장에 말라붙은 넝쿨을 더욱 앙상하게 했다.

작업실은 지하 2층이었다, 아니 아랫쪽에 밥냄새 나는 현관이 있는 걸 보니 아랫집 마당에서 보면 이 작업실은 2층이다.

지하 2층이면서 동시에 지상 2층인 작업실, 하기사 우리네 삶이 지상으로 오르고 있구나, 출세하고 있구나, 하다 보면 어느새 수렁이 되어 땅 속으로 빠지고 있는 자신을 발견한 적이 어디 한두 번이던가.

그 길이 자아실현이건, 유토피아적 행보이건 간에 지상으로 솟아 햇살 받는다 여겼는데 어이없게도 그 길이 함정이 되어 어둡게 가두지 않던가.

그래서인지 이 작업실이 삶의 실체을 보여 주는 것 같아 살갑다.

아닌게아니라 입구 작은 공간 모서리에 작가의 속옷이 널린 빨래건조대가 수줍게 서 있다.

작업실로 들어가니 초상화 속 〈체 게바라〉가 '문화혁명을 하러 왔는가, 어서들 오시게.'라며 입술에 문 굵은 담배를 다시 빨아들이는 듯 하다.

작품들은 먼지에 쌓이거나 포장되어 있어 볼 수 없음이 아쉬웠지만 작업실은 싱크대 냉장고 등 간단한 취사도구와 함께 붓 물감 화판 공구 들이 가지런히 정리되어 있었다.

그는 작품을 구상하면 작업실 정리부터 말끔히 하고 시작한단다.

적당한 온도의 고독과 추위가 작업하기엔 오히려 에너지가 되겠구나 싶다.

혼자 생활에 자칫 나태해지거나 궁색해질까 봐 하루 여덟 시간 이상 작업시간을 철저히 지키노라는 그의 말을 잠시 접고 밖으로 나와 지상으로 향하는 좁은 계단과 아래층으로 난 툭 트인 계단을 봤다.

그가 이 계단을 내려올 땐 마치 생활인으로서 실패한 것 같아 유배지로 가는 기분이 들어 우울해진다고 하였다.

옥상으로 올라갔다가 다시 좁은 계단을 통과해 보았다.

그랬다, 이 계단을 내려올 땐 '버려라, 버려라 욕망을 버리고 현실을 버리고 집착을 버리고 더러는 꿈도 버려라. 하지만 인간에게 있어 현대인에게 있어 버리는 일이 그리 수월하던가, 이 계단길처럼 자신을 가파르고 좁은 길로 내몰아야 하거늘' 이라며 옹알거릴 것 같고 반대로 저 아랫집에서 지상으로 오를 땐 '채워라, 채워라 이상을 채우고 욕망을 채우고 더러는 허영도 채워라.'며 가슴 부풀 것 같다.

그는 아마 지하로 내려올 땐 지우개를 들고 지상으로 오를 땐 목탄을 손에 쥐고 있으리라.

그의 작품 〈바다〉는 목탄과 지우개만으로 만든 것이라 하는데 그리 보면 이 작업실은 그의 바다가 아닌가.

"나는 불이 되고 싶었는데 지나고 보니 물이더라."고 고백하는 그가 밀양에서 작업을 하던 시절, 바다를 주제로 그렸는데 그 작품들은 모두 목탄과 지우개만 사용해서 완성시켰다 한다.

1997년부터 시작하여 여덟 번의 개인전과 여러 단체전 등에 참여한 그의 작품활동은 왕성하다.

그의 작품 성향은 초기에서 근래에 이르기까지 대개 3~4년 주기로 변화가 두드러지는데 그것은 그의 성격이 도전적인데다 나도 할 수 있다는 자신감 덕분이라 한다.

초기엔 〈지하철1호선〉, 〈불안한 잠〉, 〈할미꽃에 대하여〉 등에서 인간보다 훨씬 지배적 위치에 벌레나 사마귀 갈매기 등을 두었는데 이는 인간과 생물의 불안한 공존을 주제로 다룬 것이라 한다. 하지만 나는 환상적인 저 그림 속의 벌레 사마귀 갈매기는 작가 자신의 분열된 모습이 아닐까 라며 잠시 생각해 봤다.

〈영웅〉 또한 '아무리 유명한 작가도 나보다 나을 수 없다'고 말하며 자신의 내재된 영웅심을 도전적으로 내보인 것이 아닐까 싶다.

중반기엔 다대포 생선회센터에 쌓인 생선뼈와 구포장에서 죽은 개 모습을 보며, 9·11사태가 마치 영화처럼 느껴지듯 생선과 개의 죽은 모습이 현실임에도 마치 가상인 것 같아 죽음을 꽃으로 형상화시켜 붉은 색을 주로 사용하여 〈무기력〉, 〈바다에 누워〉 등의 작품을 그렸다.

그 후 〈카타르시스〉 등 에로틱한 작품을 보이다 최근엔

〈셀마와 프리다〉, 〈더글라스와 고호〉, 〈데이빗 보위와 앤디워홀〉, 〈진주귀걸이를 한 스칼렛 마리아 요한슨〉 등 영화에 등장하는 인물이 영화배우 실명의 인물인 듯 보이게 함으로써 실재를 왜곡하는 이미지의 폭력을 고발하는 《이미지의 귀환》전에 이르기까지 그의 작품들은 전혀 새로운 세계를 보여 준다.

하지만 십여 년의 작업을 통해 옴니버스영화를 보듯 그 모든 변화된 작품 속에는 동일한 맥락의 주제가 관통하고 있으니 그건 실존에 대한 불안과 죽음에 대한 공포였다.

그랬다, 그의 트라우마는 '불안'이었다.

'실재'만 있고 '실제'는 없는 현실, 우리의 실제는? 자본주의가 빚어 낸 메커니즘을 향해 불안과 분노를 고발한 것이었다.

작품 〈야경〉과 탁월한 초상화가인 네덜란드 출신 램브란트를 좋아한다는 그는 구태여 사실주의니 즉물주의니 형상주의니 하는 ism에 매이지 않는다고 한다. 하지만 의식의 흐름은 형상주의에 기반한다고 했다.

자리를 털고 일어서며 그에게 물었다.
"바라는 게 있다면 무엇인가요?."
"나의 그림도 잘 팔리는 사회적 분위기가 왔으면 좋겠습니다. 그리고 진정한 벗, 사람을 만나고 싶습니다."

나도 그의 바람이 이루어지길 기대하고 좀더 자유로운 시간과 공간이 그를 맞이해 주길 바라면서 작업실을 나왔다.

나는 기적을 믿는다

기적이란 논리적으로 혹은 과학적으로 설명될 수 없는 사건을 말한다.

그렇다, 내가 고속도로에서 사고를 당하고 멀쩡한 몸으로 90도로 기울어진 승용차 문을 밀고 나온 것은 기적이었다.

여러 가지 절차를 거쳐 정비공장에 갔을 때 사장이란 분이 대뜸 말하였다.

"아이구, 정황을 듣는 내 등골이 오싹해지는데 이리 멀쩡하시다니 덕을 많이 쌓았나 봅니다." 순간 스치는 것이 있어 나는 고개를 끄덕였다.

그건 1,500일을 하루도 거르지 않고 미사에 참여했다는 것이다. 물론 목적이 있어 행한 것이었다.

첫 시도는 1,000일이었는데 사법고시에 합격하고 연수원에 들어간 아들이 치열한 연수원 생활에 위기감을 느꼈는지 "엄마, 500일 더 해 1,500일로 해 줘!"하는 거였다. "으? 으-ㅇ 그, 그래" 더듬거리며 답했지만 돌아서서 남편을 보며 중얼거렸다. "잔인한 놈, 1,000일도 겨우 버티는데 500일이나 더!"

나는 1,500일, 정확히 4년 1개월 10일을 하루도 빠지지 않고 미사를 드렸다. 어려운 고비가 많았다.

첫째가 건강, 허리 디스크를 앓고 있는 내가 미사 도중 엎드리다 허리가 삐걱했을 때 그 암담함이란…. 옆사람 눈치 채지 못하게 하느라 미사포 속에서 땀을 콩죽처럼 흘리던 일, 문학행사에 갔다가 휑한 마을 성당을 찾던 일, 해맞이, 여름휴가 등 가는 곳마다 성당부터 챙겨야 하는 일, 행사차량에서 미사시간에 쫓겨 아무데고 내려야 했던 일, 그러다 보니 문우들이나 친구들은 나를 미사에 참여시키기 위해 함께 발을 동동거려야 했다.

해외여행은 꿈도 못 꾸고 중요한 행사에 빠져야 하는

경우도 허다했다.

때론 꼭 1,000 혹은 1,500이란 숫자에 매여야 하는가, 이게 진정한 기도인가, 회의가 들기도 했다. 하지만 분명한 건 미사를 드리고 교회문을 나서면 어깨가 가볍고 발걸음에 힘이 생긴다는 것이었다.

이번 교통사고를 통해 다들 기적이라고 입을 모으는 그들에게, 숫자에 불과할지라도 매일 미사에 참여해 보라고 권하고 싶다.

천망회회 소이부실天網恢恢 疎而不失, 즉 하늘의 그물은 코가 넓어서 트여 있는 것 같아도 결코 놓치는 것이 없다지 않던가.

더러는 갈등을 가지고 참여한 적도 있었지만 그럼에도 하느님은 그 어설픈 기도조차도 놓치지 않고 모아 두셨다가 기적으로 베푸신 것임을 나는 외치고 싶은 것이다.

영광이 성부와 성자와 성령께 처음과 같이 이제와 항상 영원히 아멘-.

재의 수요일

이마 위로 흙을 받는다.

"사람아, 흙에서 왔으니 흙으로 다시 돌아갈 것을 생각하여라."

'흙으로 돌아가라'를 메아리로 되뇌며 흙을 생각한다.

하느님께서 만드신 세계, 보시기에 참 좋았기에 이를 다스릴 사람을 빚으셨다는데 그 질료가 흙이니, '흙으로 돌아가라'함은 흙처럼 살라는 말씀이 아닌가.

흙 토土는 초목이 땅 위로 나올 때 싹에 흙이 묻어 있는 모양을 본 뜬 상형문자라 한다.

토양은 곡식을 길러 주고 농사짓기에 도움이 된다.

그러하기에 흙은 생활의 터전이고 고향이며 안식처이고 죽어서 돌아갈 귀숙처歸宿處이다.

따라서 흙은 생명의 탄생과 죽음을 동시에 뜻한다.

세상 가장 낮은 자리에 존재하는 흙.

발 아래 짓밟힘으로써 존재하는 흙, 아니 자신을 죽임으로써 존재하는 흙.

흙은 욕망 교만 아집 시기 질투, 이런 것들을 모른다 한다, 아니 다 죽였다 한다, 때론 불끈 솟는 분노도 죽였다 한다.

밟히고 썩혀야 비옥해진다 한다, 열매가 풍성해진다 한다.

그리고 따뜻한 품이 되어 주라 한다.

바윗덩이도 곡괭이도 나무뿌리도 말뚝도 다 품고 살라 한다.

융합 화합 일치, 그 힘으로 생명을 낳고 거둬들인다 한다.

그러니 흙이야말로 평화의 산물이다.

김수환 추기경을 보라, "고맙습니다. 서로 사랑하세요."로 생을 마무리한 그 분의 겸허한 삶을 보라.

장기기증, 소박한 장례절차까지 당신 스스로 흙이 되어 내어 주고 낮춘 삶을 실천하셨으니, 그 분의 삶이 얼마나 훌륭한 거름이 되었는지 우리는 목격하지 않았는가.

오늘은 '재의 수요일.'

'흙으로 다시 돌아갈 것을 생각하여라.' 함은 그 죽음을 의식하여 현재 자신의 삶에 더욱 충실해지려 노력하라는 지엄한 경고가 아닌가.

이마에 흙을 받음은 재생의 기원祈願, 즉 부활의 기원이니

흙이 되자.

흙이 되자.

흙이 되어 살자.

겨울 익는 이야기

화롯가에 앉았다. 90대의 할머니와 60대의 어머니 그리고 40대의 딸이 화로를 둘러싸고 앉아 지나온 흔적들을 술회하느라 시간 가는 줄도 모른다.

피난시절 이야기, 영감님(남편) 이야기, 자식들 이야기, 즐거웠던 시절, 고생했던 추억들, 아픔도 기쁨도 어제 일처럼 선명하시단다.

이들은 피가 섞이지는 않았지만 같은 신앙을 가진 가족 같은 분들이다.

화로 속에는 군밤 익는 구수함이 겨울을 데우며 꿈꾸고 있다.

아까부터 권하시던 유자차는 역사를 함께한 할머니들의 발자취를 짚는 덕담에 넋을 잃고 듣다 보니 어느새 싸늘하게 식어 있다.

현대는 따끈한 방구들 대신 쇼파나 카페트에 앉아 화로 대신 티테이블 주위에 둘러앉아 군밤이나 고구마가 아닌 케익과 차 한 잔으로 바뀌어진 문화다. 하지만 이곳의 분위기는 시종 화롯가에 앉아 숯불더미 속에 부젓가락으로 요리조리 움직여 밤 한 알 건져 쩍 벌어진 틈에서 샛노란 알밤을 꺼내어 입에 쏘옥 넣어주는 향수로 가득하다.

"내가 올해 몇 살이 되지? 구십셋인가?"

"아녜요, 구십넷이 되세요. 구십넷이예요."

"그래~ 자꾸만 잊어 버려. 좀 전에도 뭔가 볼일이 있어 방에 들어가긴 했는데 그새 깜박 잊고 내가 왜 이 방에 왔는지 모르겠더란 말이야."

"당연하신 거예요. 그래도 어머닌 건강하신 거예요. 매일 미사에 참여하실 정도이니 그만해도 축복인 거예요."

"그래에~ 나도 항상 주님께 감사드리고 있어. 나 말이야, 요샌 건망증이 아주 심해. 이번에 성탄 판공성사를 보는데 신부님께서 천주경 백 번을 하라는 보속을 주셨어. 그래서 보속하느라 왼손으로 하나하나 손을 꼽아 헤아리며 천주경을 바치는데 열 번을 넘기기가 어려운 거야. 조금 하다 보면 옆 손가락이 따라 펴지면서 그만 회수를 잊어 버리는 거야. 그런데도 두 번씩이나 영성체를 했으니 대죄를 지었지 뭔가, 그래서 어제 다시 성사를 봤어."하고 조용히 말씀하신다.

"할머니, 할머니의 신앙생활에 관하여 말씀 좀 해 주세요."하고 부탁드렸더니 "아이구 부끄러워, 그런 소리 마, 언제나 부족해. 이 늙은이가 하는 게 뭐 있겠어, 그저 작은 일, 예를 들면 화장실이나 현관 같은 데에 신발이 아무렇게나 흩어져 있지? 그러면 그것들을 가지런히 해 두면서 다른 사람이 '기뻐하겠거니'하고 챙기는 것뿐이야. 그리고 미사 참여하기 전에 반드시 복음서를 읽고 가지." 하신다.

이성숙 할머니, 할머니는 스스로 자신을 '중간 병신'이라고 하신다.

몇 년 전 카톨릭문화원에서 개최된 행사에 참여하시다가 계단에서 살풋 엎어지셨는데 그 후로 어깨가 굽어지고 체형이 휘어지셨다고 한다.

그래도 이화학당 시절엔 배구선수로 뛰기도 해서인지 걸음걸이는 가벼우시다.

벼는 익을수록 고개를 숙인다더니 할머니는 내내 "나는 부족해, 부끄러워."하시며 자신을 낮추신다.

새벽 다섯 시경이면 눈을 떠서 제일 먼저 기도부터 시작하신다.

자녀들과 천사들을 위해 바치신단다. 그리고 주위의 친한 이들과 그 가족들을 돌봐 주십사고 빈다 하신다.

어떤 어려움이 닥쳐도 얘기하고 매달리면 그분께서는 철없는 아이를 대하듯 다 들어 주시더란다.

그랬다. 신앙생활은 부산하거나 요란하지 않은 겸소함이었다.

참으로 오랜만에 할머니의 체취를 물씬 맡으며 우리의 역사, 아픔을 돌이켜보기도 했다.

햇살이 아름답다.

이 겨울에 목련꽃이 떠오른다.

그랬다. 할머니의 자태는 높이 솟아 푸른 하늘에 일렁이는 목련처럼 단아하셨다.

교도소에서

여자교도소 수감자들에게 꽃꽂이를 가르치며 나눈 대화다.

"글쎄요, 제 생각은 그러네요. 비록 내 생각이 옳다고 할지라도 그것이 합당하다고 매사에 합리화시키게 되면 자칫 우愚를 범하게 되지 않을까요?"

나는 조심조심 꽃을 다루며 그들과 자연스레, 그러니까 소탈하고 친근한 분위기로 대화를 나눈다.

내 말 끝에 꽤 나이가 들어 뵈는 은발의 아주머니 한 분이 굳은 표정으로 말문을 여신다.

"그러면 내가 한번 물어 볼까요?"

내심 긴장해진 나는 진지하게 고개를 끄덕였다.

"가령 내가 당신께 돈 백만 원만 지불해야 하는데 그만 실수로 백오십만 원이 건네졌다면 당신은 어쩌겠소?"

"제게 덤으로 온 오십만 원은 돌려드려야지요."

"그런데 그 상대가 기어이 돈을 돌려주지 않으면 어떻게 하지요?"

나는 망설임 없이 대답하였다.

"그러면 포기하십시오. 하느님께서는 억울한 일을 그저 보고 계시지는 않으시거던요. 비었던 금액은 반드시 채워 주실 겁니다. 그리고 체험도 했구요. 조급히 생각 마시고 잊은 듯이 기다리십시오. 저는 확신합니다. 반드시 돈이어야 합니까. 건강도 돈이고 명예도 돈 아닌가요?"

그렇습니다.

당장은 불안하고 야속하고 분노도 가졌지만 세월이 흘러 희미하게 바래어진 어느 날 뜻밖에 찾아온 행운에 '아차, 그때의 보상이 시작되는구나.'하고 깨닫게 되었을 때 나는 주님의 심오한 사랑을 체험하였다.

확신에 차서 힘주어 말하는 나의 체험담에 그 아주머니는 길게 한숨을 내뿜으시며

"그래요, 맞아요. 맞습니다……. 아! 주님 고맙습니다."

괴로운 표정이 스치는 듯하더니 고개를 끄덕이며 연신 "그래요, 그래요."만 되뇌셨다.

가을의 정감이 고조된 자주색 국화와 흰 소국의 청초함이 새삼스러운 듯 "아! 꽃이 이쁘네. 차암 이쁘기도 하지."

꽃들의 기도가 그들과 함께 어우러진 가슴 따뜻한 하루였다.

성모님께 드리는 글

성모님!

어머니의 계절 5월도 막바지입니다.

연둣빛 이파리 포동포동해지니 숲은 깊어지고

그 숲길 따라 수도원에 이르고 보면 물 오른 잎사귀처럼

저희의 마음에도 어느새 푸른 물이 고입니다.

진동포구 푸른 바다를 굽어보시는 성모님,

오늘은 당신을 향해 저희의 푸른 마음을 모았습니다.

들여다보면 외로움과 슬픔, 기쁨과 희망이 녹아 있는 저희들의 일상입니다.

어둠 속에서도 빛이신 어머니!

얼마 전 영화 '패션 오브 크라이스트'를 보았습니다.

혹독한 매질로 인해 찢겨 나간 살점. 그리고 핏방울

어머니는 애통한 모습으로 소리 없이 울고 계셨습니다.

예리한 칼에 찔리듯 아플 것이라는 예언자 시므온의 말을 떠올리신 건가요.
그런 어머니 앞에서 저희는
쉽게 좌절하고 막막한 현실을 탓하고 사방이 막혀 길이 보이지 않는다며
소리치고 자주 덤비기도 했습니다. 그러나
그때마다 묵묵히 받아 주시며 함께 아파하신 어머니,
어머니와 함께라면 어둠 속에서도 빛을 보게 됩니다.
늘 침묵하고 계신 어머니.
어머니는 예수님을 하느님의 아들로 키우셨습니다.
당신은 혈연을 넘어서 신앙의 가족을 창조하신 여인이십니다.

부드러우면서도 강하신 어머니,
오늘을 살아가는 이들의 보이지 않는 눈물을 닦아 주소서.

저희가 촛불을 드릴 때 꿈과 희망을 드리오니
세상 어두운 구석구석 사랑의 불이 되게 하소서.
촛불 속에 고뇌와 슬픔을 태우소서.

저희가 꽃을 드릴 때 꽃 속에 담긴 소망을 헤아리소서.

저희 모두 각자의 위치에서 밤하늘 별 같은 빛이 되게 하소서.

어머니!

가난한 저희들, 서툰 기도로 당신을 어머니라 부르오니

더욱 새롭고 순한 눈빛으로 묵주알을 굴리게 하소서.

되돌아보면 저희의 삶은 늘 서툴고 허술합니다.

어머니!

저희들의 부족한 마음에 당신의 온정을 가득 채우소서.

그리하여

참된 기도와 진실한 사랑, 헌신적인 봉사를 하게 하소서.

어머니!

숲 속 나무와 들꽃과 땅이 내리는 비를 순하게 받아들이듯

저희도 은총의 비를 맞아 모든 이들을 품게 하소서.

어머니!

저희가 사랑하는 시간은 거룩한 시간입니다.

사랑의 성사 안에 하나 되게 하소서.

발빠른 사회가 저희를 유혹하더라도
당신을 떠나는 일이 없게 하시고
수도원의 신부님, 수사님을 비롯한 모든 식구가 한 마음으로 찬미하게 하소서.

'그대로 제게 이루어지소서.'
응답하신 겸손하신 어머니,
당신의 생애는 화려함도 찬사도 없이
오직 하나 인류 구원을 위해 삶을 채우셨습니다.
그러기에 더욱 크신 당신의 이름 '아베 마리아'
그 옛날 낙원의 여인과 이름을 바꾸셨습니다.
온갖 유혹에 시달리는 당신의 자녀들에게 사랑의 길을 가르쳐 주시어
관용과 베풂의 미덕을 심어 주소서.
사랑에 목마른 이들에게 진정한 어머니가 되게 해 주소서.

이 밤 크게 빛나소서.
이 밤 크게 크게 빛나소서.

나의 위로자

사찰에 갔다.

앞에는 에메랄드빛 바다가 너울거리고 병풍 같은 산에는 기암절벽과 나무가 힘차게 뻗어 풍광이 장관이다. 주변 공기 또한 기운이 감도는 듯 시리고 달콤하다.

그림 같은 경치에 감탄하며 대웅전에 들어본다.

빙그레 웃는 석가여래상, 저를 두고 염화미소라던가. 그렇다, 사찰 어디에 가도 부처님은 늘 얼굴 가득히 미소 띤 모습이다.

세상 고해를 생각하신다면 저리 평화로울 수 있을까.

고집멸도苦集滅道 이루시고 훌훌 벗었기에 저절로 피어

난 희열이신가.

세상은 공수래공수거, 모두 일주문이더라,

깨달았기에 저리 모습이 환하신가.

저 미소를 보며 예수님을 떠올려 본다.

천주교회라면 어디에나 제대 앞에 걸려 있는 십자가, 십자가에 매달리신 예수님. 예수님의 얼굴은 얼마나 고통스러우신가.

그 모습은 얼마나 절망적이고 처참한가.

생각해 본다.

왜 저 고통의 길을 신비의 길이라 하는지.

예수님의 철저한 고독을 보며 지금 우리가 겪고 있는 슬픔이나 아픔이 '저 처절함보다야 덜하지 않은가' 하고 위로를 받기 때문 아닐까.

상처난 과일에서 향기가 난다고, 예수님의 상처가 오죽 컸으면 그분의 향기가 온 세상을 덮겠는가.

다시 생각해 본다, 부처님과 예수님을.

예수님이 석가모니처럼 왕족으로 태어나셨더라면 율법학자나 바리사이 등 그 시대의 군중이 그 분을 배반하고 팔아 넘기고 핍박하여 저 십자가에 매달리게까지 했겠는가.

어찌 하여 하느님은 당신의 외아드님을 마굿간에서 태어나게 하시고 '저 사람은 목수의 아들이 아닌가.' 하는 손가락질을 받게 하시며 일생을 죽음의 위협에 시달리게 하셨는가.

부처님이 고집멸도 설하실 때 예수님은 십계명을 내세우고 부처님이 팔정도八正道 가르치실 때 예수님은 진복팔단을 설파하셨는데 두 분의 삶이 너무 대조적이다.

또 생각해 본다.

만약 5.18광주민주항쟁 때 두 분이 그 자리에 계셨더라면 어찌 했을까.

여전히 부처님은 숲길, 산길 거닐며 색수상행식色受想行識을 버려라, 세상사는 공空이니라! 말씀하고 계실까.

예수님은 아마 '이건 사탄의 짓이오. 빨리 철수하시오!' 하고 뛰어들다 또다시 죽게 되시지나 않을까.

이제 조금 고개가 끄덕여진다. 왜 한 분은 방긋한 미소가 번지고 한 분은 처참한 고통에 눌리는지….

제자들이 지켜보는 가운데 편히 입적하신 부처님에 비

해 예수님은 공중에 고립되신 채 십자가에서 숨을 거두셨다. 그러면서도 저들의 죄를 용서해 주십사고 청하시다니….

그래, 예수님을 두고 우리의 위로자라 부르는 그 까닭을 알겠다.

위로자, 위로자.

용산참사나 직장해고를 비롯한 수많은 사건들로 인해 살아 내기에 힘겨운 사람들, 외롭고 쓸쓸한 오늘, 그들은 진정 누구에게서 위로를 받겠는가.

경관 좋은 이 곳, 여전히 넉넉히 웃고 계신 부처님, 그 미소를 따라 보다 나는 위로자이신 예수님을 만난 것이다.

이런! 파도가 주님 찬미를 노래하고 있지 않은가.

'주님은 나의 목자시니….'

귀가 경건해진다.

순종을 묵상하며

얼음골 사과는 당도가 높기로 유명하다.

사과를 쪼개 보면 과연 씨방 주변에 꿀물이 고인 듯 빛깔이 짙은 게 입에 단물이 고이게 한다.

언젠가 단풍구경 하자며 밀양 얼음골을 지났다. 좁은 산길을 달리다 길가에 수북이 쌓아 진열한 사과를 보고 차를 멈추었다.

"얼음골 사과가 맛있다고들 하던데 정말 그리 맛있어요?" 하고 물었더니 후덕해 보이는 그 아주머니는 맛있는 사과를 먹으려면 좀더 있다가 오라 한다. 아직은 때가 일러 육질이 덜 아삭하고 싱겁다며 길 주변의 사과나무를 가리킨다. 크리스마스트리에 장식된 방울등 같은 사과가 나뭇가지 휘도록 열려 있었다. 그러면서 저렇게 수확을 미루고 있는 까닭은 저 나무가 몇 차례의 찬서리와 매운 바람을 맞아들이게 하기 위함이란다. 밀양 얼음골 사과가 유명한 것은 찬서리와 칼바람을 견디어 낸 인고의 결과라는 것이다.

찬서리, 된서리 그 인고의 세월이 단물의 근원지라니….

흔히들 상처난 과일이 향기롭다 하더니 그래서인지 상처난 사람의 몸에서도 향기가 난다.

나는 향기 나는 부부를 알고 있다. 육십을 넘긴 이들 내외는 자식이 없다. 나는 그들 부부를 '소꿉동무 부부'라고 부른다. 남의 시선이나 눈치 보지 않고 수시로 "자기야. 나 잡아 봐~라!" 외치며 뜀박질한다. 자칫 주책스레 비칠 수도 있지만 눈 비비고 다시 바라보면 가슴 찌릿한 장면이다. 이런 동심을 회복하기까지 가슴아픈 고비들이 어찌 없었겠는가.

그러고 보면 니체가 부르짖은 인간은 낙타의 단계, 사자의 단계를 거쳐서 어린아이 단계로 나아간다는 말에 고개가 끄덕여진다.

그들 내외가 아이를 갖지 못하는 것은 사실 남편 쪽의 문제라 하였다. 하지만 부인은 일부러 그 사실을 남편에게 알리지 않았다 한다. 혼자 감당하는 것으로도 충분히 아픈데 구태여 남편에게 알려 마음에 상처를 낼 필요가 무어냐는 것이다. 그 부인은 직장생활 또한 성실하여 몇 차례의 공로상과 표창장을 받았지만 자신보다 낮은 학력의 남편이 행여 열등감에 더 왜소해질까 봐 그 상패를 꽁꽁 숨겨 묻었다 한다.

나는 이 부인에게서 운명에 '순종'할 줄 아는 지혜의 향기를 맡았다.

M.에크하르트(〈1260~1328〉도미니코회 수사로 파리대학 교수직과 튀링겐 관구의 관구장 대리, 에어푸르트 수도원장을 지냄)는 '순종'에 대해 정의하기를 '순종'은 모든 덕행을 넘어서는 덕행이다. 당신 자신의 것으로부터 순수하게 벗어나는 것이다. 그리하여 그 빈 자리에 신이 들어설 수 있게 하는 것이라 하였다.

참으로 지당하다.

저 얼음골 사과가 된서리, 칼바람에 '순종'하여 꿀물을 과육에서 솟게 하듯 저 부인이 어려움에 휘둘리던 낙타의 세월과 유혹에 견디어야 하던 사자의 세월에 '순종'하여 향기 나는 어린아이의 세계로 이어진 게 아닌가.

나는 합포만 건너 산등성이를 밀어 올리는 여명을 보며, 어둠의 시간에 '순종'한 저 눈부신 빛을 보며, 우리에게 예수님을 만나게 해 주신 성모 마리아의 '순종'을 깊이 깊이 묵상해 본다.

미사를 통하여

나는 미사를 세수에 비유한다.

세수는 이른 새벽, 차가운 물에 하는 것이 하루를 여는 데 있어 각오를 더욱 돈독히 해 주는지라 기왕이면 새벽 미사에 즐겨 참여한다.

특히 겨울 꽝꽝 언 아침, 아직도 가로수는 깊은 잠에 잠겨 있는 조용한 거리에 청소부 아저씨의 노란 띠 두른 옷과 함께 나서게 되면 마치 깊은 산 옹달샘이라도 찾아 나서는 듯한 착각에 빠진다.

그래서 나는 주님 찬송가가 아닌 '깊은 산 속 옹달샘 누가 와서 먹나요…새벽에 토끼가 눈 비비고 일어나 세수

하러 왔다가 물만 먹고 가지요.' 동요를 옹알거리며 교회로 향한다.

오늘도 나는 새벽 미사를 드렸다.

미사를 마치고 교회 밖으로 나오니 날이 제법 훤해졌다.

그러고 보니 4월이다. 하긴 어제 신문 1면에 남쪽 제주도에선가의 꽃소식이 크게 실려 있었지.

유난히 길고 변덕스런 겨울이더니 이제사 물러섰는가 보다.

오늘은 더욱 기분이 맑아진다. 마치 깊은 계곡에 푹 잠겼다 나온 듯하다.

매일매일 오늘 아침 같기만 하다면 행복해질 것 같다.

아직 30대 초반인 얼굴이 둥글고 하얀 피부를 가진 신부님, 그 신부님은 미사를 드릴 때마다 이 시간이 마지막이다는 생각으로 정성을 모은다.

물론 다른 사제들도 다들 그런 마음가짐으로 미사를 집전한다고 하지만 가끔은 멍한 느낌을 받게 하는 경우가 더러 있음을 솔직히 고백하지 않을 수 없다.

물론 나는 교회법이라든가 전례에 대해 모르는 것이 많다.

하지만 미사가 거룩한 제사라는 것은 안다.

제사라면 우리나라의 전통 제사와 그 맥은 닿아 있다고 본다. 우리가 제사를 지낼 때 어찌 하는가. 조상의 심기를 불편하게 해 드릴라, 발소리도 죽이고 숨소리도 죽이고 그릇 하나 옮길 때도 행여 소리 날라 긴장하며 조심조심 정성을 기울이지 않는가.

마음이 오로지 조상에 대한 애경심으로 모아져 있는데 기교가 무어 필요하며 미사여구가 무어 그리 중요한 것이겠는가.

미사경구, 전례통상문의 구절 하나 하나의 의미를 짚어 살리면 저절로 '최후의 만찬'이 지금 이 자리에서 살아 행해지지 않겠는가.

'온 누리의 주 하느님, 찬미 받으소서. 주님의 너그러우신 은혜로 저희가 땅을 일구어 얻은 이 빵을 주님께 바치오니 생명의 양식이 되게 하소서.' 단어 하나 하나 정성을 다해 공손되이 기도드린다면 그 이상 경건함이 어디 있겠는가.

'주님, 저희가 모신 성체를 깨끗한 마음으로 받들게 하시고, 현세의 이 선물이 영원한 생명의 약이 되게 하소서.' 이런 말씀이 참 말씀이신 로고스가 되게 함은 정성된 봉헌으로 가능해지는 것이 아닐까.

물론 모든 신부님들이 당연히 그런 각오로 미사를 집전하신 다는 것을 알고 있지만 가끔은 기계화되어 간다는 느낌을 받고 있으니 하는 말이다.

특히 성체분배 때, 이렇게 많은 신자가 예수님 몸을 받아 모시려고 모인 정성을 아니, 신자들이 쪼갠 시간과 기도를 헤아리신다면 얼마나 소중한 희생인가 하는 생각이 들어 성체를 공손히 분배하지 않을 수 없지 않을까?

시간에 쫓기듯 얼른 얼른 떡이나 받으라는 식의 성체를 분배받을 때는 약간 구겨지는 듯한 느낌이 든다. 그런 때는 마음이 아프다.

그런데 오늘은 전 신자가 '나의 주인이십니다'라는 듯 종의 모습을 취하신 그 어린 사제의 맑은 기운이 내 몸을 찔러 기분이 좋다.

양떼인 신자들이 주인 대접을 받는 것 같아 기분이 좋다. 아니 밀떡으로 오신 예수님이 제대로 대접받으시는 것 같아 기분이 좋다.

내가 너희를 주인으로 대하듯 너희도 이웃을 주인으로 대하라고 묵언으로 말씀하시는 것 같아 경건해지는 것이다.

경건함의 교감으로 서로를 대우한다면 행복해지리라.

나와 너 행복바이러스가 되어 세상을 물들인다면 참 고운 꽃들이 삶을 풍성하게 해 주리라. 아, 4월이다.

나는 스스로 '자自'인가

스스로 그러한 '자自'는 무위無爲한 것 즉 꾸밈이 없는 것이다. 무위無爲란 무불위無不爲라 했으니 이는 무위함으로써 오히려 하지 못함이 없다는 것이다. 따라서 무위자연無爲自然은 '천지 의 도'이니 '자自'란 '도道' 라고 해도 무방하다. 추한 것은 추한 대로 악한 것은 악한 대로 드러내는 것이 무위이니 이는 곧 자연, 스스로 '자自'인 것이다. 〈도덕경〉

나는 여전히 매일매일 미사에 참여한다. 묵주기도 5단도 매일 바친다.

새벽, 빗길 눈길에 미끄러지기도 하면서 교회를 찾고,

캄캄한 방에 촛불 밝히고 앉아 묵주를 돌리며 무얼 구하고 있는 걸까. 나의 뿌리를 찾고자 함인가, 세상 바람에 휘둘리지 않으리라 자신을 다잡고자 함인가.

스님들 참선하듯, 혹은 니체가 말한 것처럼 심연을 들여다보되 독수리 눈으로 들여다보고 독수리 발톱으로 심연을 움켜잡았다면 지금쯤은 깨달음을 얻을 수 있을 만큼 몇 번의 겨울을 넘어왔지만 여전히 나는 멍청하다.

나의 기도지향이, 팔레스타인 전쟁이나 아프가니스탄 파병 문제를 걱정한다든지, 시구 온난화로 인하여 남극에 빙산이 얼마만큼이나 녹아 내려 해수면이 높아진다는 보도를 접하며 지구의 미래를 염려하는 세계적 차원이거나, 세종시 건설을 심사숙고하거나 사대강 살리기가 자연에 어떤 영향을 미칠지를 고민하는 국가적 차원도 아니고, 용산 참사를 보며 해결 방법을 모색하는 민족적 차원도 아닌, 가족이라는 손바닥만 한 울타리니 말이다.

그저 자식들 앞길이 잘 풀리게 해 주시고 가족들 건강하게 지켜 주십사고 고개 숙이며 비손하고 있으니 내가 나를 훑어봐도 한심하고 못마땅하다.

내 옹졸한 그릇과 쪼그라진 가슴에 측은지심이 들 뿐이다.

하지만 누가 내게 "너 스스로 '자自'에 의해 택한 것이냐."고 묻는다면 나는 단호히 도리질할 것이다.

그리고 운명이나 숙명을 들이대며 고개를 떨굴 것이다. 그놈들이 내 발목을 붙들고 놓아 주지 않는다고, 그래서 나는 쇠사슬을 차고 미친 듯 자유를 부르며 춤추고 있다고 목메어 말할 것이다.

그러면 다시 내게 이렇게 묻겠지. "그렇다면 그 또한 스스로 택한 게 아니냐."고.

나는 다시 말할 것이다. "내 스스로? 몸소? 아, 그건 당연코 아니다."고 말이다.

내 몸이 바라는 대로 행했다면 나는 이미 가출했을 것이다.

홀로 바람을 겉옷으로 걸치고 새를 어깨에 앉히고 구름을 지팡이로 삼아 떠돌았을 것이다.

하긴 돌이켜보면 나는 스스로 행한 게 없다.

어려서는 스스로 반찬을 집을 줄 몰랐고 스무 살이 넘

도록 스스로 옷을 챙겨 입을 줄 몰랐고 스스로 친구를 사귈 줄도 몰랐고 주부생활 삼십 년이 넘도록 가전제품이나 장식품, 가구에 이르기까지 스스로 선택할 줄 몰랐고…, 몰랐고 몰랐고 투성이다.

자발성이니 자립이니 자유니 하는 벽오동나무 같은 초록심지가 내겐 없었다.

장 그르니에는 인간에게 가장 중요한 몫은 인간을 제 자신으로부터 벗어나게 만드는 것이라 하는데 나는 나를 벗어나지 못하고 있다.

그러나 가만히 눈감고 다시 들여다보면 나 스스로 택한 게 아니었다고 도리질한 모든 행위가 실은 모두 내 스스로 선택한 진실이고, 스스로 가둔 옹졸한 그릇 또한, 내 본연의 모습 아닌가.

내 발목엔 몇 개의 족쇄가 채워져 있다고 앙탈부린 그 족쇄, 이제 보니 그것이 나를 채운 게 아니고 내가 족쇄를 부여잡고 스스로 묶은 것 아닌가.

모른다, 모른다 뇌까리며 '모른다'는 갑옷을 지어 그 속에 스스로를 집어넣고 성격이라 이름 붙여 자신을 억압하고 있지 않은가.

'그것이 자신을 위한 길이라도 되는 양 자신에 대한 억압을 욕망하는가.'
라이히가 던진 질문이 내 가슴을 찌른다.

결국 앞에서 말한 '몰랐고'나 내가 부정했던 '옹졸함'이, 부정과 부정을 거듭하면서 행해 온 삶의 자국들이 나의 참모습으로 드러났다. 참모습이란 스스로 '자自'이니 부정했던 행위, 그 자체가 자발적인 '나'란 것이다.

어쩌겠는가, 첫머리에 인용한 대로 추한 것은 추한 대로 악한 것은 악한 대로 드러내는 것이 무위이며 스스로 '자自'라고 하니 내 옹졸하고 어리석은 모습이 바로 스스로 '자自'가 아니겠는가. '그래 그래, 너는 지금 잘 하고 있는 거야' 라고 기꺼이 긍정하고 사랑해야 할 '자自' 내 몸이 아니겠는가.

나는 부자다

나는 미사 참여를 즐긴다.

성전에 들어서면 가만히 호흡을 고르고 눈을 감는다.

눈을 감으면 내 얼굴이, 지금 나의 차림새가 또렷하게 보인다. 헝클어진 머리카락, 자라난 손톱, 기름기 가득한 뱃살, 앙상한 다리, 쪼글쪼글해진 손등, 때로는 비칠거리는 걸음걸이까지 선명하게 보인다.

내가 남긴 발자국, 그 흔적들이 또렷이 나타난다.

입으로는 자연숭배자인 척 강조하더니…, 내 신발에 밟혀 죽은 미미한 벌레, 끽 소리 못하고 쓰러진 벌레의 외침과 눈빛이 보인다.

그렇다, 미사는 나를 온전히 바라보는 일이다.

사람들과 어울려 일상에 쫓기는 나, 이렇듯 편히 지내

기까지의 여러 가지 은혜를 망각하고 하하호호 날뛰는 나, 나를 엮고 있는 실핏줄까지 들여다보니 나를 기운 매듭들이 드러난다.

그렇게 자신을 훑다가 보면 이마는 저절로 땅에 닿는다.

그래, 너는 참 왜소하고 결핍이 많다.

너는 아버지 사랑을 모르고 자랐구나.

너는 형제가 없구나.

너는 부자도 아니구나.

너는 명예로운 가문을 이어받지도 못했구나.

너는 권력을 등에 업어 보지도 못했구나.

너는 강인한 체력을 지니지도 못했구나.

너는 조그만 돌팔매에도 금세 고꾸라지는구나.

그래도 여전히 꿋꿋하고 교교하구나.

그 많은 결핍들이 오히려 너를 곱게 수놓았구나.

일찍 돌아가신 아버지, 그 빈 자리의 아픔을 알기에 부모님 없이 할머니의 보살핌으로 살아가는 친구에게 다가가서 살포시 어깨 감싸 줄 줄 알게 되었다.

형제가 없어, 그 외로움을 알기에 어느 모임에서건 한 구석에서 조용히 고개 숙인 친구가 먼저 눈에 들어오게 되고 따라서 나도 모르게 그 곁에 다가앉아 눈길 주게 된다.

풍족하게 자라지 못했기에 남루한 행색으로 주뼛거리는 친구의 마음을 헤아려 선뜻 손 잡고 오뎅을 나누어 먹기도 한다.

나를 환하게 비춰 주는 명예를 입어 보지 못했기에 왜소한 사람이 눈에 띄게 되고 그에게 다가가 꽃 한 송이 건네는 미소가 피기도 한다.

권력을 누려 보지 못해, 의기소침해지는 초라함을 알기에 어깨 쳐진 이에게 '화이팅! 당신 참 멋져!'라며 엄지 손가락을 추켜세우며 밝은 빛을 보내기도 한다.

그러고 보면 이 많은 결핍들이 나를 겸허하게 만들고 삶의 결을 곱게 다듬어 주었다. 그래서 나는 나의 결핍들에게 감사의 절을 한다. 그 결핍들이 축복이었음을 알게 되었으니 말이다.

내게 결핍이 없었더라면 가난하고 외롭고 쓸쓸한 고통

을 헤아릴 수 있었겠는가. 그들의 아픔을 몰랐다면 아마 잘난 척 으스대고 멋대로 생각 없는 말을 뱉어 많은 사람들에게 가슴 찌르는 상처를 저질렀을지도 모른다.

자칫 피도 눈물도 모른 채 죄를 지었을지도 모르는 상황들을 나의 결핍이 막아 주었으니 축복이 아니고 무엇인가. 그래서 나는 철학자이자 정신의사인 카알 야스프스가 '좌절은 신의 언어다' 라고 한 말을 자주 인용한다.

좌절을 통하여 자신을 돌아보게 되고 자신을 진단하며, 자신의 부족함을 인정하여 주변을 돌아보게 하고 그 고통을 헤아리며 사람을 이해하게 하니 이게 바로 신의 뜻이 아니겠는가. 그러기에 '고통은 신의 언어'라는 말은 진리라는 것이다.

미미한 것들의 처절한 몸부림은 별처럼 빛난다.

깊은 밤, 거제도 근처에서 표류된 적이 있었다. 바다는 칠흑처럼 검었다. 뱃머리에 기대어 물 속을 헤쳐보니 손에 잡히지 않는 무언가가 수없이 반짝였다. 알고 보니 식물 플랑크톤이라 하였다. 그것들은 가만히 두면 형체도 보이지 않는데 어떤 물체가 스치면 방어본능으로 몸에서 빛을 발한다고 한다. 그랬다. 저 먼지만 한 것들의 살아내기 위한 몸부림이 별처럼 빛나고 있는 것이다.

아파트 난간에 대롱대는 빗방울, 떨어지지 않으려는 몸부림은 얼마나 영롱하게 반짝이는가.

그러고 보면 밤하늘의 반짝이는 별들도 보잘것없는 결핍의 뭉치들이 엉겨 살아 내기 위한 처절한 몸부림이 아닐까. 그래서 가난한 시인들이 저 별은 나의 별이라고 노래하는 것 아닐까.

눈을 닦고 다시 보면 저 반짝임이 세상을 살아 있게 한다. 꿈꾸게 한다.

고래가 반짝이던가, 상어가 반짝이던가, 사자가 반짝이던가.

그렇게 보면 반짝이는 것들은 힘의 결핍, 권력의 결핍, 부의 결핍 등 모자람으로 이루어진 것들의 살아 내는 방식이 아닌가, 난장이 같은 삶의 발버둥이 아닌가. 저 플랑크톤처럼, 빗방울처럼, 별처럼 말이다.

그래서 나는 나의 결핍에 경배하며 미사를 드린다. 결핍을 통하여 세상을 보게 되니 세상살이가 참 풍요롭다.

그렇다, 나는 참 넉넉하다, 그래서 부자다.

동화

텃새가 된 도요새

두 마리 도요새가 서성대고 있습니다. 한 마리 도요새가 다리를 다쳐 잘 날지 못하기 때문입니다.

"잘 가!"

고개를 숙인 채 도요새는 자꾸만 손을 내젓습니다. 도요새의 붉은 어깨가 그의 몸집을 더 작아 보이게 합니다.

"곧 추워질 텐데… 어떡해…."

청다리도요새는 자신의 푸르고 긴 다리를 내려다보며 벌써 추워진 듯 어깨를 움츠립니다.

"어떻게 되겠지 뭐, 내 걱정 말고 어서 가."

붉은어깨도요새는 머뭇거리고 있는 청다리도요새의 등을 떼밉니다.

"그러지 말고 네 입으로 내 다리를 꽉 물고 같이 날아 보자."

"안 돼, 그러다간 하늘 높이 날지도 못하고 바다 가운데 떨어지고 말 걸. 나는 여기서 견딜 수 있어."

붉은어깨도요새는 펄쩍 뛰며, 뾰족한 주둥이를 갯벌에 꾹꾹 찧으며 울먹이는 청다리도요새를 달랩니다.

"내년에 다시 만나면 되잖니, 아니지 내년이라지만 봄이 되면 올 테니까 몇 달만 참으면 되겠네. 그래, 그때까지 나 잘 있을게. 시간 없어. 친구들 다 가고 없네. 해가 지고 있어. 빨리 서둘러. 그리고 남쪽 나라에 가거든 친구들한테 안부도 전해 주고…."

이렇게 친구들을 모두 떠나보내고 홀로 남은 붉은어깨도요새는 자신의 실처럼 가늘어진 오른쪽 다리를 내려다봅니다. 이런 다리로는 바닷물을 차고 하늘 높이 오르기도 힘들거니와 더군다나 그 먼 인도네시아, 싱가폴, 그리고 오스트레일리아의 해변까지 난다는 것은 불가

능하다는 것을 잘 아는 붉은 어깨도요새는 후우 한숨을 쉬었습니다.

두 달 전 일입니다. 붉은어깨도요새는 생각하고 싶지 않은 날입니다. 그날 아침은 하늘조차 시무룩했습니다.

비가 오면 오는 대로 햇살이 넘치면 넘치는 대로 차갑지도 덥지도 않은 바람과 확 트인 수평선이 색깔을 바꾸며 펼쳐진 바다, 만경강 끝자락인 이 곳은 새들에게 있어 더없이 편안한 안식처입니다.

뻘밭에는 갯지렁이, 새우, 꽃게, 바지락 등 맛있는 먹을거리가 얼마든지 있고요, 들에는 곧게 뻗은 소나무가 숲을 이루어 넉넉한 그림자를 주고 바닷가에는 갯질경, 갯개미취, 갯쇠보기, 갯씀바귀가 짭짤한 향기를 피우며 이리 와 놀자! 손짓하는 정겨운 곳입니다.

그 날도 붉은어깨도요새는 괭이갈매기랑 물떼새랑 좀도요새 노랑말도요새랑 이제 막 바닷물이 빠져나간 갯벌에 모여 맛있는 아침식사를 즐기고 있었습니다.

친구들과 재잘거리며 이야기를 나누다 말고 저만치 떨어진 바위쪽을 보니 키가 크고 건장한 아저씨 너덧 명이 낚시 도구를 어깨에 걸머멘 채 나타나 봉긋봉긋한 바위 하나씩 차지하고 앉았습니다.

빨강 노랑 파랑의 색색 조끼가 눈에 들어왔습니다.

파랑 노랑 빨강, 챙달린 모자가 꼭 조가비 같았습니다.

그들은 갖고 온 낚시도구를 조립하여 낚싯대를 드리우고 하루종일 있더니 저녁 무렵에 떠났습니다.

실수였습니다.

알록달록한 아저씨들의 발자취가 궁금했던 붉은어깨도요새는 그들이 앉았던 바위곁으로 자박자박 걸어갔습니다.

그 바위 주변에는 낮에 끓여 먹던 라면 봉지가 뻘밭에 박힌 채 펄럭이고 있었고 옆에는 빈 소주병이 꽂혀 있을 뿐 별다른 흥밋거리는 없었습니다.

붉은어깨도요새는 나폴거리는 라면봉지의 알록달록한 색을 보며, '저게 섬초롱꽃이라면 참 이쁠 텐데' 하고 생각하며 친구들이 모여 있는 곳으로 다시 걸음을 옮겼습니다.

얼마나 걸었을까요. 무언가가 오른쪽 발목에 걸렸습니다. 자칫 엎어질 뻔했습니다.

붉은어깨도요새는 휘청하던 몸을 얼른 세우며 꼿꼿이 걸으려 했습니다.

그런데 어찌된 영문인지 한 발자국 걸음을 옮길 적마다 발목은 더 조여졌습니다.

낚싯줄이었습니다. 그 아저씨들이 아무렇게나 버려둔 낚싯줄에 붉은어깨도요새의 발이 걸린 것입니다.

풀썩 주저앉았다가 다시 일어나 걸었습니다.

낚싯줄에 걸린 발목을 질질 끌며 걸었습니다. 오른쪽 발가락은 점점 감각이 없어집니다.

몸부림칠 때마다 더 얽혀버린 낚싯줄이 뻘밭에 붉은어깨도요새의 발자국과 함께 가늘게 선을 그으며 딸려 왔습니다.

한참을 걸었다고 생각되는데 친구들이 있는 곳까지는 아직 멀기만 하니 혼자 떨어져 나온 것이 후회되었습니다.

붉은어깨도요새는 그만 앙! 하고 울었습니다.

그 소리를 들은 걸까요?

친구들이 우르르 몰려왔습니다.

친구들이 낚싯줄을 풀어 보려 했지만 뾰족한 부리로 줄

을 풀기에는 요령이 부족했습니다.

오른쪽 발가락은 마비된 듯 마음처럼 움직여지지 않았습니다.

친구들은 모두 발만 동동 구르다 하룻밤을 넘겼습니다.

새벽 공기가 무겁게 느껴졌습니다.

붉은어깨도요새는 한쪽 다리로 종종 뛰어 겨우 바닷가로 나와서 힘없이 주저앉았습니다.

입맛도 떨어져 맛있는 갯지렁이가 보여도 반갑지 않습니다.

배도 고프지 않습니다.

'이러다가 나는 영영 날 수 없을지도 몰라.'

계속 날개를 퍼득거려 보지만 예전처럼 높이 날 수도 없었습니다.

오늘 따라 하늘은 시리도록 푸릅니다.

"꾸우욱 꾸욱 꾹!"

붉은어깨도요새는 슬프게 울었습니다.

그때였습니다.

머리가 허어연 할아버지가 다가왔습니다. 망태를 걸머

멘 것을 보면 주꾸미나 망둥이를 잡으러 온 것 같습니다.

"이런 쯧쯧, 조금만 늦었으면 다리가 잘릴 뻔했구나. 얼른 풀어 주지 않으면 안되겠는 걸."

할아버지는 붉은어깨도요새를 가슴에 품고 오른쪽 다리에 엉긴 낚싯줄을 한 올 한 올 풀기 시작했습니다.

붉은어깨도요새는 할아버지의 까칠한 손이 이처럼 따뜻한 줄 몰랐습니다.

뭉클한 땀내와 담배냄새도 좋았습니다.

사실 처음에는 겁이 났습니다. 혹시 저를 해칠까 봐 도망치고 싶었지만 몸이 뜻대로 움직여 주지 않아 그냥 주저앉아 버린 것인데 막상 이렇게 할아버지 품에 안기고 보니 무척 포근했습니다.

할아버지가 매듭을 하나씩 풀어 헤칠 때마다 따끔거리기는 했지만 쉽게 감각이 돌아오지는 않았습니다.

시간이 얼마나 흘렀을까요.

"자, 아가야. 이제 다 풀었다. 하지만 다리가 원래대로 회복이 될지 모르겠구나. 조금씩 조금씩 나아질 거야."
하며 흐트러진 낚시줄을 나무라듯 꾹꾹 뭉쳐 호주머니에 넣었습니다.

붉은어깨도요새는 멀어져 가는 할아버지의 뒷모습을 오랫동안 바라보았습니다.

그 모습이 보이지 않자 그제야 자신의 다리를 내려다 보았습니다.

낚시줄에 감겨 있던 자리는 진분홍색 선이 그어져 있었습니다.

날아 보았습니다.

아직 신경이 회복되지 않아서인지 마음처럼 날기는 어려웠습니다.

친구들 무리 속에 비틀거리며 내려앉았습니다.

그때부터 붉은어깨도요새는 매일같이 나는 연습을 하고 걷는 운동을 하였습니다.

하지만 한번 마비된 오른쪽 다리는 쉽게 풀리지 않았습니다.

그렇게 10월이 지났습니다.

친구들은 모두 월동 준비를 위해 고공비행 연습을 자주 합니다.

무엇보다 영양가 높은 음식을 충분히 먹어 에너지를 모았습니다.

그리하여 남쪽으로 긴 여행길에 오릅니다.

이 곳은 수심이 얕고 갯벌이 넓게 펼쳐져 있어 곤충의 종류도 다양하고 먹을거리는 충분했습니다.

새우와 꽃게뿐 아니라 우럭, 멸치, 학꽁치도 넉넉하게 있습니다.

그래서 새들은 이 곳에 많이 모입니다.

나그네새가 유난히 많습니다.

그렇습니다. 붉은어깨도요새도 봄이면 잠시 이 곳에 머물다가 여름을 나기 위해 독일, 덴마크, 네덜란드로 에워싸인 북해로 가고, 가을이 되면 다시 여기서 머물다가, 겨울이 되면 동남아시아나 오스트레일리아란 나라로 월동 준비를 하러 떠나는 나그네새입니다.

하지만 지금, 붉은어깨도요새의 절룩이는 다리로 긴 여행을 한다는 것은 엄두도 못낼 형편이고 보니 할 수 없이 이 곳에서 겨울을 나게 된 것입니다.

돌이켜보면 그 사건은 붉은어깨도요새에게 행복이 무엇인가를 가르쳐 준 계기가 되었습니다.

혼자가 된 처음 며칠은, 밤바다에 비친 달빛을 보며 매일 울었습니다.

어둔 밤, 뻘밭에 굴을 파고 사는 꽃게들의 문닫는 소리만 들려도 설움이 치밀곤 하여 물가에 서서 캄캄한 하늘만 올려보았습니다.

그러던 어느 날이었습니다.

붉은어깨도요새를 부르는 소리가 들려 돌아보니 검은머리물떼새랑 괭이갈매기, 물떼까치, 섬참새 들이었습니다.

영문을 몰라 바라보는 붉은어깨도요새의 눈동자는 흠뻑 젖어 있었습니다.

"애 도요새야, 우리는 이 곳에서 나고 자란 텃새들이란다. 네 다리가 매우 불편해 보이는구나. 우리가 도와 줄게. 이 곳 겨울이 몹시 춥기는 하지만 걱정 마. 우리에겐 추위를 이겨 내는 방법이 있거든. 외로워 하지 마. 우린 친구야." 하고 날개깃을 세우며 악수를 청했습니다.

그 때부터 붉은어깨도요새는 텃새들과 섞여 지냈습니다.

친구새들은 깃털에 기름기가 돌게 하면 추위를 덜 타게 된다며 기름진 음식을 자꾸 챙겨 주었습니다.

바닷가에 햇살 가득한 풀무더기가 보이기만 하면 붉은어깨도요새의 손을 잡아 끌고 와서는 앉아 쉬게 해 주었습니다.

그래도 도요새가 추워서 떨고 있으면 친구새들이 바짝 도요새 곁에 붙어 서서 몸을 데워 주기도 했습니다.

날갯짓으로 하는 가위바위보 놀이도 가르쳐 주고 외발 뛰기도 가르쳐 주고 바닷바람과 친하게 지낼 수 있는 요령이라며 휘파람 부는 것까지 가르쳐 주었습니다.

하지만 친구들 모두 잠이 들고 혼자가 되면 붉은어깨도요새는 금세 엄마아빠랑 친구들 생각에 잠기곤 했습니다.

보름달이 하늘 가운데 걸렸습니다.

바다랑 마주 보고 있더니 그들은 서로 몸이 섞인 듯 달의 얼굴에서 파도 소리가 나고 바닷물에서는 달이 첨벙대는 소리가 들렸습니다.

찰랑찰랑 춤추는 몸짓이 신기해서 숨죽이며 보고 있는데

"붉은어깨도요새야!"

하고 부르는 소리가 들렸습니다.

도요새는 동그란 눈을 크게 꿈벅였습니다.

"붉은어깨도요새야!"

이건 분명히 바닷물과 달빛이 입을 모아 부르는 소리였습니다.

"달님 바다님! 저를 부르신 거예요?"

"그래그래, 이리 와서 네 발을 이 물에 담가 보렴, 너를 낫게 해 줄게."

했습니다.

그 때까지도 도요새는 다리를 몹시 절고 있었거든요.

그날부터 도요새는 늦은 밤 매일같이 달빛이 휘저어 준 바닷물에 발을 담갔습니다.

그래서일까요, 도요새의 다리는 빠르게 회복되어 차차 걷기가 수월해졌습니다.

그런 어느 날이었습니다.

그 날도 물 속에 발을 담근 채 문득 하늘이 궁금하여 고개를 치켜드는데 웬 소녀가 눈에 띄었습니다.

대여섯 살쯤 되어 보이는 그 소녀는 꽃무늬 치마에 빨간 리번이 달린 외투를 걸치고 있었습니다.

그 모습이 앙증스러워 도요새는 하늘은 까맣게 잊고 소

그림:김호준

녀를 지켜보았습니다.

소녀는 손바닥에 무언가를 얹어 두고 뭐라고 말을 거는 듯해 보였습니다.

그런데, 자세히 보니 소녀의 어깨가 기우뚱했습니다.

그랬습니다. 소녀는 소아마비였습니다.

순간, 도요새는 자신의 발을 내려다보았습니다.

마치 저 소녀가 자신처럼 생각되었습니다.

소녀가 고사리 손으로 소중히 받치고 있는 것이 조가비라는 것도 알았습니다.

그 때부터 도요새는 매일매일 소녀가 오는 것을 지켜보았습니다.

소녀는 늘 조개껍질을 주웠습니다.

어느 날은 소라껍질을 집어 귀에 갖다 대기도 하였습니다.

도요새는 멀찌감치 서서 소녀를 바라보는 것이 행복했습니다.

도요새는 물 속에서 반짝이는 조가비만 보이면 부리로 집어 늘 소녀가 서성이는 자리의 모래밭에 갖다 두었습니다.

해가 중천에 떠 있을 무렵이면 소녀는 모래둔덕이 따사로운 꼭 그 자리에 나타나서는 도요새의 마음을 헤아리기라도 한 듯 바로 그 조가비를 집어 호주머니에 넣는 것이었습니다.

부채살모양 돛단배모양 초승달모양 복숭아모양…, 색깔 또한 붉은색 노란색 푸른색 파란색…, 다양했습니다.

소녀는 마치 도요새가 일부러 챙겨 둔 것인 줄 아는 것처럼 용케도 그 조가비를 찾아 내어 호주머니에 담았습니다.

해가 바뀌고 겨울도 막바지가 되었습니다.

도요새는 겨울을 잘 견딘 것이었습니다.

이젠 얼음바람이 아무리 꽁꽁 불어도 이겨 낼 자신이 있습니다.

어느새 봄이 왔나 봐요.

발 밑에 무언가가 사뿐히 내리는 게 있어 보았더니 들녘에서 날아온 개나리 꽃잎이었습니다.

그러고 보니 풀섶에서 갯씀바귀 갯까치수영 순비기나무가 목을 쑥 뽑고 머리카락을 말리던 것을 본 것이 엊

그제였습니다.

"아, 진짜 봄인가 봐. 친구들은 지금쯤 고공을 날고 있겠지."

그 때였습니다.

남쪽 하늘에서 새떼들이 까만 점을 찍으며 다가오고 있었습니다.

"친구야!"

제일 먼저 발을 내린 것은 청다리도요새였습니다.

"괜찮았어? 너를 두고 떠난 후 내내 마음이 편치 않았어."

"자아, 봐. 나, 건강하지?"

"그래, 얼굴도 더 통통해진 것 같애."

"으응, 여기 텃새친구들이 나한테 얼마나 친절하게 대해 줬는지 몰라."

붉은어깨도요새는 중부리도요, 큰뒷부리도요, 마도요, 알락꼬리마도요, 붉은갓도요, 노랑말도요, 좀도요에 에워싸여, 흰 물떼새가 바위 틈에 붙은 따개비를 따서 준 이야기며 왕눈물떼새가 제 눈을 가리키며 사람들은 동그란 사탕을 만들어 '왕눈깔'이라고 한다며 까르륵 웃던 얘기랑 바닷물에 발 적시며 달빛과 함께 목욕하던 얘기랑, 지난겨울 있었던 이야기들을 모두 들려 주었습니다.

하지만 소녀의 이야기는 하지 않았습니다.

붉은어깨도요새는 친구들이 조를 때마다 똑같은 얘기를 들려 주곤 했는데 그때 마다 가슴 속엔 따뜻한 무언가가 솟아났습니다.

벌써 두 달이 지났네요.

사실 나그네새는 봄가을에 이 곳에 들렀다가 한 달 정도씩만 머물다 길을 떠나거든요.

붉은어깨도요새의 얘기에 시간 가는 줄 모르고 있던 친구들은 다시 서둘러 북해로 떠날 채비를 합니다.

"날갯죽지에 기름기가 흐르고 배도 든든하고 다리에 탄력도 생겼으니 이제 슬슬 출발해 볼까."

"붉은어깨도요새야, 너도 어서 준비해. 이젠 네 다리도 완전히 회복되었으니 문제 없을 거야. 그동안 정들었던 친구들에게 작별 인사라도 하렴."

붉은어깨도요새는 말이 없습니다.

물이 빠져 나간 갯벌은 바다보다 더 넓게 보입니다.

이렇게 물이 많이 쓸려 나간 때에는 애기 모자처럼 생긴 작은 섬까지 길이 납니다.

그 때에 사람들은 걸어서 그 섬에 가기도 합니다.

붉은어깨도요새는 가장 친한 친구인 청다리도요새와 나란히 뻘밭을 걸어서 작은 섬에 갔습니다.

섬에는 예쁜 풀꽃이 많았습니다.

해당화 붉은 꽃잎은 야무진 입술을 가졌고 섬초롱꽃은 대롱대롱 달린 꽃잎 속에 등불을 달아 둔 듯했습니다.

제비꽃은 키가 작아 얕잡아 보이는 것이 억울하다며 매일매일 슬피 울다가 꽃 색깔이 파아랗게 되었나 봅니다.

비록 애기처럼 작게 생긴 섬이긴 했으나 오순도순한 풀꽃과 나무들의 식구가 제법 많았습니다.

두 도요새가 섬 구석구석을 살피며 거닐다 보니 어느새 밤이 되었습니다.

오늘도 달은 동그랗게 웃으며 나타났습니다.

바위를 딛고 선 달빛이 바다를 부릅니다.

달려나온 바닷물이 달빛의 손을 맞잡더니 달꽃으로 변했습니다.

하얀 달꽃이 사방에 피었습니다.

이윽고 붉은어깨도요새가 입을 열었습니다.

"나 안 갈 거야."

청다리도요새가 무슨 뜻인지 몰라 가만히 있자 다시 입을 열었습니다.

"저 달꽃과 바닷바람의 향기, 작은 풀꽃들의 노랫소리를 두고 난 못 가, 아니 안 갈 거야. 무엇보다 이곳 텃새들과 정이 들었어. 나 그 친구들과 함께 지내면서 참 행복했단다. 행복? 그래, 그것이었어. 내 가슴에 솟구친 뜨거운 게 무언가 했더니 바로 그것, 행복이란 것이었어."

"……."

"난 여기서 살 거야."

끝내 소녀의 이야기는 가슴에 묻은 채 붉은어깨도요새는 바람의 향기를 깊이 빨아들였습니다.

기껏 여섯 달 지낸 이 곳이 이토록 끈끈하게 자신을 붙들 줄이야.

"너희 부모님께 어떻게 전해야 하니?"

"난 어린애가 아니잖아. 이것 봐. 날개 빛도 더 짙어지고 얼굴엔 수염도 났어. 난 성인이야. 이제 나는 여기서 내 세계를 세울 거야. 난 더 이상 나그네가 아니야. 텃새가 될 거야. 이곳 만경강의 텃새 말이야."

몇 차례고 권하는 청다리도요새를 다독여 보낸 붉은어깨도요새는 끝내 텃새로 남았습니다.

"잘 가, 친구들."

붉은어깨도요새는 힘줄 돋은 두 다리로 뚜벅뚜벅 걸어 보이며 손을 흔들었습니다.

'이 곳엔 또 다른 내가 있어, 나는 그 소녀를 두고 갈 수가 없어. 아마 내일도 나타날 걸.'

붉은어깨도요새는 물 속을 헤집어 조개껍질을 집었습니다.

조가비는 하늘을 담은 듯 에메랄드빛으로 반짝이고 있었습니다.

언젠가 흰뺨검둥오리가 침을 찍찍 튕겨 가며 들려 주던 얘기가 떠올랐습니다.

"얘, 눈이 파란 독일 사람이 이 곳에 남아 대한민국 사람이 되었데, 성도 이씨로 바꾸고, 또 누구는 하씨로 바꾸었다지. 이 나라 텃새가 되었다는 거야."

올려다본 하늘은 텃새가 되었다는 그 아저씨의 눈동자처럼 푸릅니다.

붉은어깨도요새는 파아란 하늘을 보며 잿빛 날개를 '으쓱'해 보였습니다.

까치네 가족 이야기

그림:김호준

어디서 저런 용기가 생긴 걸까요.

화가 난 엄마는 온몸을 부르르 떨며 소리를 질렀습니다. 꺅! 꺅!

엄마의 고함소리에 모과나무, 감나무, 후박나무 모두 긴장하였습니다.

나는 고욤나무 나뭇가지 사이, 엄마 아빠가 만들어 놓은 둥지에 몸을 웅크린 채 귀만 쫑긋 세우고 있었습니다.

아직도 내 몸은 사시나무처럼 떨립니다.

내 동생 까용이 까동이 까철이 까영이 까순이도 이제 겨우 거뭇거뭇 털이 솟은 머리를 서로서로 겨드랑이에 넣으며 떨고 있습니다.

우리 여섯 형제는 알을 깨고 나온 지 이제 겨우 십칠 일째입니다.

제대로 서지도 못하는 우리 형제들이 할 수 있는 짓이라곤 아빠 엄마가 물어다 주는 먹이를 받아 먹으려고 힘껏 고개를 뽑아 입을 크게 벌리는 것뿐입니다.

아빠 엄마는 교대교대로 먹이를 날라 줍니다.

“아이고 귀여운 내 새끼, 배 고프지? 자 어서 먹어, 어서 먹고 쑥쑥 자라야지.” 하며 메뚜기 애벌레 거미 굼벵이 집게벌레까지 맛있는 음식을 우리 입에 쏙쏙 넣어 줍니다.

하루가 다르게 성큼성큼 자라나는 우리들은 먹어도 먹어도 배는 자꾸 고픕니다.

“엄마 더 줘, 이-잉!” 하고 보채면

“그래 그래, 알았어, 엄마 얼른 나갔다 올게.” 하며 또 어디론가 먹이를 구하러 날아갑니다.

우리는 엄마가 올 동안 목을 빼고 주변을 구경합니다.

나뭇잎 사이로 비치는 하늘이 참 맑습니다.

뭉쳐졌다 풀어졌다 하는 하얀 솜털 같은 것이 구름인가 봅니다.

나뭇잎에 내려앉은 햇살도 재갈재갈 부서지는 게 보석처럼 눈부십니다.

어디선가 고운 향기가 나기에 코를 벌름거리며 휘둘러보니 우리집 고욤나무 둥치 주변에 옹기종기 핀 꽃들의 향기였습니다.

우리 형제들이 정신없이 구경을 하고 있는데 딩동딩동

아빠가 맛있는 여치를 물고 왔습니다.

"아빠, 빨리 주세요, 배고파." 우리는 서로 많이 먹으려고 몸을 밀쳤습니다.

"사이 좋게 먹어야지. 자 욕심 부리지 말고, 이건 제일 큰 형인 까식이 몫!" 아빠는 나를 중심으로 동생들을 동그마니 앉혀 놓고 차례차례 나누어 줍니다.

그런데 아빠는 나누어 주다 말고 무언가 생각이 난 듯 어두운 눈빛으로 우리를 둘러보았습니다.

"너희들 아까 집에 들어서면서 보니까 고개를 내밀고 이리 기웃 저리 기웃 하던데 어쩌려고들 그러니, 아빠 엄마도 없는데 몸을 밖으로들 내밀면 어떡해?" 하며 걱정했습니다.

"이잉 아빠, 바깥 구경이 얼마나 재미있는데요, 아까는 노랑나비도 봤는걸요. 딱새도 보고 박새도 봤는걸요." 했더니 아빠는 더욱 기가 막히는 듯 얼굴을 굳히며 나무랐습니다.

"얘들아, 너희들은 아직 몸도 제대로 가누질 못하는데 그러다 자칫 너희를 노리고 있는 짐승에게 들키기라도 하면 어쩌려고 그러니."

"들키다니요, 누구에게 들킨단 말이예요, 아빠?"

"세상엔 힘이 센 무리가 많이 있어, 그들이 아직 어린 너희들을 노린단 말이다."

"엄마야, 무서워, 누가 우릴 노린다구요?"

"우리보다 덩치가 큰 새들이랑 쥐나 고양이 같은 짐승이 기회만 보고 있단 말이야, 그러니까 머리카락 하나라도 들키지 않도록 집 안에 꽁꽁 숨어 있어야 한다, 알았지?"

무서웠습니다. 우린 그 이야기를 들은 뒤부터 얌전히 집 안에 있었습니다.

하지만 가끔 나뭇잎 사이를 비집고 떨어지는 햇살을 보면 고개를 내밀어 바깥 세상을 둘러보고 싶기도 합니다.

지난번 잠시 눈길이 스쳤던 흰배의 어린 박새는 아마 지금 감나무 가지 끝에 앉아 있겠지?

꼬마 딱새는 제 몸집보다 큰 후박나무 잎 위에 앉아 그네를 타겠지?

노랑나비는 나리꽃 능소화 넝쿨장미의 꽃샘 속에서 켜낸 신기하고 달콤한 이야기를 나폴나폴 흘리고 다닐 텐데, 그 이야기들이 궁금하였습니다.

그러다 나도 모르게 살포시 둥지 밖으로 고개를 내밀다가 아차! 아빠의 걱정하는 눈빛이 떠올라서 얼른 목을 움츠리고 둥지 속으로 들어왔습니다.

둥지 속에서 서로서로 뒤엉켜 씨름도 하고 가위바위보 놀이도 하며 시간을 보냈습니다.

그런 어느 날 그 무서운 일이 일어났습니다.

무슨 소리가 들릴 듯 말 듯 다가오는 것이었습니다.

아빠 엄마는 날아서 오기 때문에 파르르 울리는 공기의 종소리로 우리는 알 수가 있는데 이 소리는 분명히 발자국 소리였습니다.

우리 형제들은 서로 부등켜안고 숨을 죽였습니다.

나무둥치를 타고 오르는 진동이 점점 가까워지고 있었습니다.

불안한 생각에 도무지 그냥 있을 수 없어 조심조심 고개를 내밀고 아래를 내려다보았더니, 이크! 덩치가 커다란 검정 고양이가 나무를 타고 오르는 것이었습니다.

이상한 빛이 나는 동그란 눈이 몹시 무서웠습니다.

"얘들아, 어떡하니? 새까만 고양이가 우리 쪽으로 오고 있어."

“엄마아, 무서워.” 까동이도 울상입니다. 가슴이 쿵덕쿵덕 뛰었습니다.

저 고양이가 금세라도 날카로운 발톱으로 우리를 낚아챌 것 같았습니다. 그래도 제일 먼저 알을 깨고 나온 만형인 나는 마냥 웅크리고 있을 수만 없어서 다시 고개를 내밀어 밖을 보는데 순간, 그만 고양이의 그 매서운 눈과 딱 마주치고 말았습니다.

고양이의 발톱이 코앞에 닿는 것 같았습니다.

“엄마아,”

나도 모르게 비명을 질렀습니다.

동생들도 겁에 질려 바들바들 떨고 있습니다.

"어떡해, 어떡해. 형 무서워."

형으로서 동생들을 보호해야 하는데 도무지 무얼 어찌해야 할지 막막하기만 합니다.

숨이 막힐 것 같았습니다.

아, 그런데 그 순간 구세주처럼 아빠가 나타났습니다. 꺅, 꺅! 아빠의 고함소리에 고양이가 주춤하며 섰습니다. 어찌 알았는지 엄마도 왔습니다. 화가 난 엄마는 뾰족한 부리로 고양이의 얼굴에 구멍이라도 낼 듯이 다가

셨습니다.

고양이도 이 맛있는 먹잇감이 아깝다는 듯 좀체로 물러날 기색이 아닙니다.

한 발 물러나는가 했더니 다시 다가서는 것입니다.

큰 덩치의 고양이에게 주춤 물러나는 듯한 엄마가 다시 버럭 소리치며 다가섭니다.

그림:김호준

물러나는 듯하다가 다시 다가서는 팽팽함에 주변의 나무도 숨죽이고 있습니다.

그러나 아무래도 분위기가 험악하다고 느꼈는지 땅바닥으로 뛰어내린 고양이는 그래도 아쉬운 듯 계속 우리 형제들이 있는 둥지에서 눈길을 떼지 못합니다.

어디서 저런 용기가 생긴 걸까요.

엄마는 다시 몸을 부르르 떨며 소리를 지릅니다, 꺅 꺅!

하지만 고양이도 만만치 않습니다.

저 맛있는 것들을 두고 그냥 갈 수는 없다는 듯 나무둥치 주변을 맴돌고 있습니다.

엄마의 얼굴이 울그락불그락해지더니 쫑쫑 고양이 앞으로 다가서서 뾰족한 입을 꺅!하고 벌렸습니다.

주춤 서기도 하고, 한 발짝 물러서기도 하고, 슬쩍 앞으로 나오기도 하며 엄마와 신경전을 벌이던 고양이가 더 이상 버틸 수 없었는지 결국 슬금슬금 뒷걸음질치다 물러서고 말았습니다.

엄마보다 덩치가 서너 배는 됨직한 고양이가 끝내 지고 만 것입니다.

고양이 모습이 건너편 모과나무 뒤로 사라진 것을 확인한 우리는 그때사 와아 하고 고개를 내밀었습니다.

"엄마아- 무서웠어요."

"그래그래, 얼마나 놀랐니, 가여운 내 새끼들."

아빠 엄마 품에 안긴 우리는 한참 만에야 쿵덩쿵덩 뛰는 가슴이 가라앉았습니다.

어스름 해가 지고 있습니다.

우리 여섯 형제는 아빠 엄마의 손을 잡고 둥글게 앉았습니다.

아무래도 오늘의 화젯거리는 낮에 일어났던 그 사건이었습니다.

나는 아무리 생각해도 신기했습니다.

그 큰 고양이에게 도대체 어떻게 해서 아빠 엄마가 이긴 걸까요?

"으응, 그건 정신력이지. 내가 고양이 눈을 매섭게 쏘아봤거든. 말하자면 내 가족을 지키겠다는 의지로 그 놈의 눈을 노려봤는데 고양이는 내 눈빛에 겁을 먹은 게지."

하면서 할아버지 얘기를 들려 주었습니다.

"네 할아버지는 독수리도 물리치셨단다. 그 왜 언젠가 사람들이 보는 텔레비전에서도 소개되었지, 까치한테 쫓겨나는 독수리라고…. 할아버지의, 내 가족 내 땅을 지키겠다는 의지의 힘 앞에서는 그 큰 독수리도 항복하고 만 것이지."

의지가 뭘까? 정신이라는 게 뭘까?

이제 우리도 제법 아빠 엄마만큼 키가 자라서 닷새 정도만 있으면 저 하늘을 마음껏 날 수 있다고 했습니다.

의지라든지 정신이라는 것을 아직은 잘 모르지만 아마 아빠 엄마의 사랑이 아닐까 생각하며 푸른 하늘을 날 그날을 위해 다리에 꼿꼿이 힘을 주었습니다.

그림:김호준